U0057576

我，

離自己
有多遠呢？

蔡榮裕 ── 著

精神分析
想像變性者的心酸事

Transsexual

Psychoanalytic Psychotherapy

謹以本書

向心中的智者

精神分析家拉維先生（Dr. Jean-Claude Lavie）

致上無限的敬意

並祝他吃百二

路過小時候的故事
有一些春天
是無法買顏色來上妝的
今天早上兩隻臘葉隨著氣漩
搭配遠方傳來
五十年前洩露的心聲
讓飄來飄去的人生
陪伴去年臘月裡
落葉的姿色
聽老鷹空中交談
春天來了

目 錄

推薦序

小小說 ［ 因想像所以小說 ］

雜文

你們的傷痕

擁擠多少人的嘴巴

是否還要爭論

胸腔左邊

秘密藏書裡

有幾本年少的愛情計劃

推 / 薦 / 序

許宗蔚／

「詮釋」會是精神分析
及分析治療技藝的命根子嗎？

　　當初接到蔡醫師的邀請要爲這本書寫序時，我是很驚喜的，而驚喜的原因得回到小時候的故事了。話說當年我還是個住院醫師的時候，曾因緣際會的爲蔡醫師的一份刊物編輯，結果刊物出來後我發現蔡醫師把我寫的內容全部改回他自己一開始說的話了。我鼓起勇氣問蔡醫師爲什麼要改我文字時，蔡醫師只是淡淡的說：「妳的文字太平凡了」。這對當時把蔡醫師理想化爲一個完美父親的我是多大的打擊啊！我現在已經忘記當時刊物內容是什麼，只記得那如同晴天霹靂般的一句話：「妳的文字太平凡了」。（果然！過去的創傷經驗是會形成島狀記憶的。）事隔多年，我始終不了解我的文字哪裡平凡了，讀了蔡醫師的書後，我好像比較知道當年他在說什麼了，因爲蔡醫師的文字呈現的是他跟他自己潛意識對話的過程，那個由光與暗、陽與陰、生與死，還有

原始的無法以言語清楚表達的感覺而錯綜複雜長出來的茂密與糾纏的黑森林，自不是三言兩語可以道明白的。

　　蔡醫師在這本書內展現了很多自己在臨床專業過程中的理解、困惑與省思，在世俗的眼光裡這是件不容易與值得敬佩的事，對於身為一個如此資深的臨床工作者而言。而在精神分析的範疇裡，這則是需要勇氣與熱情的事：在承受面對不知道的同時、自戀亦受到威脅所需要的勇氣，與不讓自己的好奇心因恐懼面對自己的不知道而熄滅所需的熱情。

　　作者在書中提到了關於不同理論學派對精神分析及分析治療技術的看法，尤其是「詮釋」的部分，這也引起了我的好奇與困惑。到底在精神分析及分析治療的技藝裡，有所謂命根子的存在嗎？如果有的話，那會是什麼？如果沒有的話，對於從事分析治療裡實務操作的我們，仰賴的又為何？如同作者所言，精神分析及分析治療的技術核心著重詮釋，透過語言回應個案跟治療師在一起當時的潛意識狀態，及那背後隱藏的彷彿已經死掉但仍活生生地存在當下的過去。那麼我們能說詮釋是精神分析及分析治療工作者的命根子嗎？若是的話，詮釋會是我們實務操作者在實務操作中愉悅與恨意的根源嗎？如果詮釋這個命根子沒有了或不要了，那麼精神分析及分析治療（或這群實務操作的我們）又會變成什麼樣？

　　在「詮釋」的這個技藝地圖裡，到底什麼是詮釋？

如何詮釋？何時詮釋？不同理論學派持有不同看法。而在「詮釋」之外的那個技藝地圖裡，則充滿了更多的想像與空間，如同作者所提的比昂的「涵容」，溫尼科特的「恰恰好的母親」，及葛林的「同感」，三位所採取的主動技術爲了能處理詮釋與語言所難以表達的課題。我好奇的是「詮釋」的這個技藝地圖跟「詮釋」之外的那個技藝地圖，這兩個地圖中間的關聯爲何？是如同太陽與月亮各自只能存在於白天與黑夜裡？還是可以對話的？身爲精神分析與分析治療工作者的我們，當然期待在這兩個地圖之間找到連結（linking），只是這個期待會是像太陽與月亮的對話，終究只能在神話或劇本裡尋找？還是可以在有著七情六慾的我們人類身上找到？如果我們相信可以找到關聯的，會不會不小心落入自以爲是明燈，但只是在用自戀的亮光或傢俱來填滿自己的空洞的自體？還是可以作爲一盞不是會照亮且趕走黑暗的燈，而是引進光來詳細閱讀黑暗的燈（頁332）？

上述這些疑問的答案（如果有答案的話）不是理論或者是那些屬害的前輩的這些別人可以說給自己聽的，而是要自己說給自己聽才行。只是要聽自己說話並不容易，因爲得先從別人的經驗中學習如何找到自己（那個可以跟自己的潛意識相連結的自己），然後再從找到自己的經驗中學習，才能在說給自己聽的時候不會覺得刺耳與空洞，而且可以眞的聽得懂自己在說什麼，而這是理論跟這些屬害前輩的這些別人存在的好處與重要性。

當然我也有我說給自己聽的話，那就是不管是選擇「詮釋」或是「詮釋」之外的技術，不管選擇說與不說，治療師端的我們都得先「感覺到」（feeling it）才可以，而不是只是「想到」（thinking of it）而已。但是這句話說起來容易做起來難，因爲這得回到治療師反移情的部分了，也是整個治療技術中，我個人認爲最困難也是挑戰最大的部分了。

　　站在巨人的肩膀上看世界，視野會更加寬廣，這是我對蔡醫師多年以來始終不變的感覺。這是一本會讓讀者看到更遼闊風貌的一本書，只是這本書不容易讀，得仰賴讀者在路過作者小時候的故事的同時，也能回想起自己小時候的故事——那個很原始，深藏在幽暗處讓我們自己已經忘記的自己——才行。這也不是一本站在海邊望向海面，或者是浮潛到海面下幾十公尺看到珊瑚礁熱帶魚等美麗風景的書，這是一本讀者得帶著重裝備潛到潛意識的海底深處，透過頭頂上那頂幽微的燈光試著看清在黑暗的海底深處裡，到底有什麼古老生態存在的書，而這得仰賴讀者們多讀幾遍才行了。

| 許宗蔚
兒童青少年精神科專科醫師
英國Tavistock Clinics兒童青少年實習心理治療師
國際精神分析學會精神分析師

葉偉忠 /

雲的橋樑

　　要形容蔡醫師寫作的特色，我會選擇「豐富」。固然也能說多元，詩歌、戲劇、散文、小說、學理論述，但多元的是外貌，就內裡而言，我更想說「慷慨」。

　　榮裕的文字，有非常慷慨的比喻。比喻，是通往作者內心的一道橋樑，也是作者通向世界的橋樑。這方面，他從不吝惜、總毫無保留地呈現給讀者。

　　在本書中，他更展現出一種「操作式」的演練：比喻。一般總認為是文學的點綴，是詩人的技巧，但在〈自己的空虛沒有名稱〉一章中，作者透過反問：「精神分析更像是實務的詩？」一連為空洞的「感覺」做了七種比喻，讓我們幾乎譁然地窺見，以語言作為工作素材的精神分析，是如何需要藉助比喻，來為無邊、無形的心理狀態，勾勒、刻劃出一個有效的範疇、具體的對象。

　　比喻的用途、實務，當然不僅於此。在榮裕的筆下，比喻更散佈於作品的每一個角落。說「散步於」，似乎

更接近他的風格......。

在此就把發掘比喻的喜悅，留給每一位讀者。我希望還能分享另一道新發現的橋樑，在作品與閱讀之間。

海明威曾在一封信中寫道：「所有偉大的寫作裡，都有一股神秘，不會解離出來的神秘。它持續著，始終有效。」......不論讀多少遍，神秘永遠如新、如初。

這句話，彷彿在詮釋海明威自己的作品，文字表面僅只露出冰山一角的內蘊。榮裕也曾在他網站裡的某一系列文章，帶著我們深度潛水，去摸索海明威的短篇小說〈白象似的群山〉，於平靜的意象、對話之下，暗潮是如何流動。

這回，讀了榮裕的新作，本書的第一部分，小小說，突然有番新的領悟。

寫作裡，那股永存的神秘力量，也蘊含著「自由聯想」的動能。不論讀多少遍，讀者總是能產生新的聯想，綿延不絕的聯想。借用小說裡的意象：雲一般的聯想。懸浮的雲，飛逝的雲，在此處消散、又在遠方聚攏的雲，捉摸不定的雲。聯想也是如此。也許，這正也是榮裕文字「豐富」感的成因？

讀小小說時，第一個聯想是海明威。他的短篇〈神賜予你們歡欣〉（God Rest You Merry, Gentlemen），也有近似的情節。一個少男，於聖誕節前夕，倉皇無助來向醫師求援，因為即使向上帝禱告，也無濟於事：他無

法扼制自己的性慾，唯一想出的解決之道，是拜託醫師將他萬惡淵藪的命根子截斷……

旋即，我想起法國精神分析家拉維先生，亦即本書所題獻的對象，他曾經說過一則「故事」：

有個法國男孩，在服兵役期間，險些崩潰。因為他發現了一件事——手淫。並非他當兵之後才開始自慰，而是透過軍營裡的同儕，他才曉得，過去他常做的，竟然就是被社會口誅筆伐、見不得人的事。他難以面對突如其來的罪惡感、或罪名，自責、或自卑。

這個故事，沒有結局，而海明威的小說，沒有交集。醫學認定的生理健康，無法衝破宗教或道德的譴責，病人心理的障礙。

然而……

〈一朵雲需要多少罪惡感才能飄起來？〉，是本書小小說第三章的標題。這也是榮裕寫作的特色：他的故事，不停留於罪惡感、症狀，困境湧現。在現實中發現對應名稱、或對應禍首的階段，他也試圖在故事的框架中，建立起溝通的可能、理解的契機。

人生固然常有無助、無解的境況，但世界上，沒有什麼能阻止雲的來去，雲的帶來什麼、與帶走什麼。

而我也深信，沒有什麼可以阻攔榮裕的寫作。

作為他的忠實讀者，我所敬佩的，不僅是他創作的有恆、書寫的慷慨、文筆的富饒，更是文字底蘊裡的使

命感；作者的、詩人的、以及心理治療者的使命感。而
我更好奇的是，他如何能將這些身份與作為，和諧地、
毫無衝突地融合在一貫的文字裡？

　　也許，這是榮裕作品裡唯一的無解？但我們每個人
的心底，都期盼著無解的永恆。

| 葉偉忠
巴黎索邦大學拉丁文博士
文字工作者

李郁芬 /

路過舌頭上的一朵花

認識蔡醫師有二十年之久了，一開始是死忠的鐵粉，他開的課幾乎都會去上，大概也是因為都聽不懂，就一直想聽懂……。前年，我好是得意的跟他說：「蔡醫師，你現在說的我都懂了！」懂了什麼呢？懂了就算過了二十年很多事還是不懂……！奇怪的是，越是聽不懂的人，越是想要跟他說些什麼，連路邊衣架上的衣服，都要長上嘴巴，述說著自己就算不能衣錦，也要還鄉。

這般長著嘴的內衣，肯定是魑魅魍魎叫人避之唯恐不及，但蔡醫師卻聽著它講起了小時候的故事，為他寫成一首詩，一本書。

就像小小說裡的主人翁：「我要動手術，拿掉我不想要的東西。但我不知道該不該叫做變性？」

我記得你說過，你是一片雲……我能為你多出一根東西的人生，抓住浮雲嗎？

「我是雲，是逗留在人世間的雲，因為多了一根東

西，而沈重得，無法飛上天。」

要抓住浮雲呢？還是讓他飛上天？留？不留？拿掉？不拿？

兩個人就這樣開始，一個講起了不想被別人知道的秘密，另一個用著自己的經驗聽著……，治療室的兩人開始了一場局外人無法一窺究竟的關係。到此，我也只能退出，看著個案說出的字句，以及思考著治療師所出現的種種想法與感覺，然後，再到詩中，回想起蔡醫師上班經過的山坡路上，可能曾遇到那兩隻苦等兩朵白花的蜜蜂……，就這麼想起了不知道拿自己那一根怎麼辦的個案，曾在治療室內說過小時候害怕出遊會被蜜蜂叮，當時他哪裡也去不了，只能關在家裡……，忘了，再往另一章走下去吧！？

再次強調，鐵粉絕對不是說說的，我還真能看懂蔡醫師的小小說，這裡有太多的歷史無需贅述，唯一要說的，也是很重要的一點，就是我們一起跟Jean-Claude Lavie，拉維先生，閒聊了好些年，受他的影響甚多，一樣地對他致上無限的敬意。這本書引用了許多拉維先生的名言，不過，跟拉維先生的對話中，少不了文字的遊戲，活脫脫就是「詼諧與潛意識的關係」的擬人版，拉維先生用最易懂的方式教會了我們精神分析的兩大台柱：語言以及潛意識。各位讀者們可能已經從蔡醫師先前的

　　著作看到這兩大命題的化身，是詩、是小說、是實作，也是理論。但是，看得懂是一回事，它所引起的回響又是一回事。兩個人說著風馬牛不相及的事，稱得上是治療啊？！這無非是蔡醫師一直想要去為精神分析說些什麼，做些什麼，讓局外人可以接觸，讓治療者可以深化，更是一種體現。畢竟精神分析一直都不受到喜愛，太多的痛苦，總是些重複單調的焦慮，總是談論著看似雞毛蒜皮的不滿，更常是非理性以及瘋狂的想法。最無法令人接受的莫非兒童性幻想、閹割焦慮、伊底帕斯情結？這也難怪蔡醫師總要寫寫詩，再寫些精神分析了？是童年的故事啊、是路過舌頭上的一朵花、是三十種寂寞的表情。試問，誰的舌頭深處有天空？

　　試想，有著這麼一個專業，讓你不用跟魔鬼交換靈魂，也能像浮士德一樣，跟魔鬼梅菲斯特講著自己內心的衝突，在不同的時空轉換著真實與幻想；不用付上瘋狂的代價，也能像榮格那般，招喚內心最原初的種種對象，與之交手、謾罵、索求。對你的治療師，想到什麼就說什麼，想當他是誰，就當他是誰，他什麼也不會多說，忠實的翻譯著你潛意識的慾望。最後，引用我跟蔡醫師一樣敬重的維洛謝先生（Daniel Widlocher），《哲學與精神分析的對談》一書的一段話：「成功的精神分析造成的改變低調多了：他改變了對自己，對他人，對過往，對未來以及對自己歷史等等的心智再現。」

| 李郁芬

巴黎大學精神病理與精神分析碩士

精神科專科醫師

精神分析取向心理治療師

游佩琳 /

一千種聆聽的方式

　　精神分析的聆聽有一千種方式，書寫有一千種方式，
閱讀也有一千種方式。

　　先講一段拉維老先生的軼事。據說他有一位躺椅分
析的個案，中年男性，好幾個月來，始終規則出席，但
是不發一語。拉維老先生與被分析者一起沉默了幾個月。
有一天，這位男士終於開口了：「謝謝你，Monsieur
Lavie，我覺得好多了。」

　　跟蔡醫師相熟的人，也許會發現，他的書寫，簡直
就像他的說話打成逐字稿一樣，翻來覆去到底說些甚麼？
好像沒說甚麼，卻有臨床及理論浸淫二十多年的人才有
的深度；好像是說清楚了，又留下無限想像空間。這本
書讀完也有這樣的感受，非常口語的文字背後，卻是密
度很高的理論思辯，觸及的是精神分析最基本的幾個概
念：無意識、移情、詮釋、自戀、自我／自己（自體），
乃至於臨床技術。你好像覺得自己懂了甚麼，碰觸了一

些，但又驚覺抓在手上的鳥背後的那一片天空是不可能被一把攫取的！

此處我的閱讀，則是將這本書看成對悖論（paradox）的思考。從書名開始，我們就面對「我」跟「自己」的距離。「我」跟「自己」在日常生活的語言難道不是指涉一樣的東西，這兩個詞交替被使用嗎？但當分析師／分析治療師試著聆聽個案在治療室的語言，暗暗對照懷裡揣著的地圖，「我」不只是ego，「自己」也許指涉的不單是self，當個案說要「做自己」，暗指的是現在的我還沒能做自己，那甚麼樣子才是自己該有的樣子？是Winnicott說的true self，還是ego-ideal，或者我們有某一種模糊想像的ideal self，想像那個自己是除了現在的我之外的一切可能性。我跟自己的距離，是切掉一根陰莖就可以達到嗎？而精神分析為什麼「想像」變性者的心酸？是因為他人的心酸一如無意識，我們只能夠逼近，透過種種表徵如語言、動作、夢，來試著貼近想像，但永遠無法說我們已經到達、已經瞭解嗎？有沒有開著Google map卻還是迷路的八卦？

書一開始「小小說」講的是治療室的場景，但那場景如此真實，我立刻困惑於作者的第一人稱視角，是男還是女？我們習慣的男作者蔡醫師，但描繪變性者的訴說對象，一名女性治療師，一個生來就沒有「命根子」的被閹割者。作為臨床工作者，我想像個案的訴說會如

何受對象的生理性別影響（以及他怎麼想像聆聽者的生理性別如何影響他／她理解自己的角度）；而作為一名生理女性讀者，我對「命根子」這個詞彙的感受是甚麼，應該跟男性讀者不同吧？我的想像是預設立場，還是它真是一堵連精神分析的方法都無法超越的高牆？明明我們都具有bisexuality，還是說解剖構造的不同遙指了佛洛伊德仍然時不時受困於生物決定論？所以我們只敢說「想像」，畢竟如書中一直強調的，當我們以為自己聽懂了，是不是就關上了窗，我們真的以為給了詮釋就點亮了燈，畫下句號？一如Thomas Ogden[1]（1997）說的，語言是精神分析中，被分析者與分析師用來溝通的工具，它必須在「講清楚」的同時還存在一個「沒被說出來」的曖昧性。換言之，當分析場景裡的言語都帶著確定，講的人跟聽的人都認為「就是這樣，對」的那一刻，思考已死，溝通已死。

　　不管是小小說的場景，或是本書後半部理論的反思及書寫，蔡醫師都大量運用比喻。佛洛伊德自己也不斷用比喻來闡述理論，或者我們該說，對精神分析理論的理解，終究需要回歸到比喻的象徵意義。命根子是比喻，恐龍是比喻；拿走油燈或給予飢餓者菜單是比喻，空洞如家鄉或廢墟（p.286）　也是比喻。伊底帕斯情結說到底也是一種比喻！既是比喻，我們所想表達的跟別人所理

1.Ogden, T.H. (1997). Some Thoughts on the Use of Language in Psychoanalysis. *Psychoanal. Dial.*, 7(1):1-21

解的，是否就產生一個縫隙，而縫隙造成的後果，是斷裂，還是從這個縫隙中開出一朵甚麼樣的花？

回到Lavie老先生。那一年他來台灣，去1930巴黎餐廳吃飯。席間有人問，為什麼餐廳取名1930？那一年巴黎有甚麼特別值得紀念的事嗎？Lavie聳聳肩說：「不知道耶，那年我十歲！」

如果有一種智慧，能夠在手上握著精神分析的地圖，身上帶著滿滿的臨床經驗，但卻永遠保持赤子之心，大概就是這樣吧？蔡醫師致敬的對象，也是我們很多人心嚮往之的方向。這一系列的書寫也象徵蔡醫師在精神分析的山林中，以過來人的姿態幫我們綁絲帶做記號吧！身兼開路前鋒登山嚮導及火車頭的蔡老大又出新書囉！

| 游佩琳

精神科專科醫師
英國倫敦學院大學精神分析理論研究碩士
臺灣精神分析學會理事

陳冠宇 /

「說心酸的」精神分析

　　其實，蔡醫師的這本書原本是叫做「精神分析說心酸」的，一直到我幾乎要完成這篇推薦文的時候，都還是的，然後我接到訊息，它被改名了。唉呀，我要重寫一篇嗎？如果真得要這麼做，那對我來說可真是辛酸啊！所以，我很頑固地不再重寫，也不更動文章的標題，而只是加上這幾行文字。或許是我的抱怨，但也替這本書的名字保留了歷史。

　　「精神分析說心酸」也是個很勾引人心的書名，不是嗎？至少，對我而言，是這樣感受的。翻開書之前（正確點說，是打開檔案之前，因為比諸位讀者幸運的是，我看的是搶先版的電子檔），好奇、疑問就湧上心頭。精神分析說心酸，嗯，說誰的心酸呢？

　　很容易想到的是，躺椅上傾訴著、抱怨著、啜泣著的個案，他/她是心酸的。還是，坐在診療室內的另一個人嗎？聽著、看著、想著這一些的分析治療者，他/她可

以體會個案的心酸，更希望能幫助說出個案的心酸。又或者，是精神分析本身呢？它就是與心酸為伍的一回事，甚至它也想要講講它的箇中辛酸？

等等，其實一開始令我困惑但也好奇的只是「說心酸」這三個字。很自然的，它是以母語的聲音浮現在我的腦海，台語的「說心酸」是什麼意思呢？當然有一種令人心痛鼻酸的意味，個案的痛，治療者的苦。但是，以台語為日常語言的人，應該不會陌生另一種說心酸的情境，那是帶著些無奈，覺得不太可能，或許有些自嘲的況味，然而謙卑中卻也隱微透露著不放棄的堅韌：「啊！佮心僧ㄟ啦！」

這不正是精神分析嗎？

個案說著說著，常不忘抱怨道：「講這些有什麼用？」。那麼是什麼支撐著，甚至是推動著他/她繼續地來、繼續地訴說這些如同薛西佛斯推了又落、落了再推的巨石？

分析治療者聽著聽著，漫入耳中的，時而是頑強的阻抗，時而是不滿的抱怨，當然也會有充滿期盼的情感，或看似豐富的自由聯想；不免納悶哪一個才是個案的真正樣貌？但他/她還是繼續努力地聽，即便疑惑、即便挫折。

如同書中謀劃著變性手術（其實，個案所期盼、透過手術想達到的是變性嗎？我們也難妄下斷言）的個案

說的，他是一朵雲。分析治療者，在診療室內所面對的每一個個案，正是一朵朵的雲。

你看過兩朵一模一樣的雲嗎？即使雲的形態是早已被有系統地科學性地分類了。

同一朵雲，你覺得是張牙舞爪的恐龍，我卻可能看成活蹦亂跳的小白兔。我們兩個誰是對的？又或者，只有一個是對的嗎？甚至，一定有一個是對的嗎？這一切看似虛無飄渺、莫衷一是。

那麼，分析治療者要如何去面對如雲的個案心理？

可以是理論，可以是技術指引，一如蔡醫師在書中一再引用的拉維（當然，不一定非得是這一位法國精神分析師拉維，每一個治療師會有也該有自己的『拉維』）。也可以是經驗，它幫助治療者在迷霧中、當被引誘時，還有一絲信心，不被迷惑，保有前進的方向。

所以，這本書前半、那三十篇的個案工作歷程與隨想，其實就是一本最精采的分析治療技術手冊。這是相當可貴、慷慨而勇敢的書寫。它讓我們一窺，分析治療者是如何與個案「一起」工作的。它訴說的，不只是治療者怎麼做、怎麼說，更難得的是在說之前、在說得出的之外、甚且是說了之後，治療者是怎麼想的。它提供的，不光有治療者的理解與洞見、更誠實地呈現了疑惑與不解。

　　這邊的「一起」也是值得玩味的狀態，「同理」在治療工作中的重要已毋需贅言，一如佛洛伊德為精神分析師立下的「均勻懸浮的注意力」作為相應於個案的自由聯想的基本規則。然而，作為分析治療者就只是把自己放進個案的鞋子、一同沈浸其中嗎？蔡醫師點出了精神分析的獨到與珍貴，「不能就只是一直待在你的鞋子裡，看天空。我需要的是自己，打造梯子，讓自己能夠爬出，你的鞋子。」（頁77）

　　更重要的是，如同蔡醫師所言「精神分析是探索人性的黑暗，不是一盞燈就可以光明的暗」（頁188）。如果只憑已知的一家理論、一套嫻熟的技術，那很可能只是把個案的獨特與豐富，硬塞進治療者的鞋子。精神分析必需要實踐在實作當中，反覆地實作，一個小時又一個小時的聆聽、冒出一個又一個的疑惑、浮現一串又一串的聯想、嘗試一次又一次的詮釋，當然勢必要再一回又一回的修正，然後很可能的，終於我們稍微多理解了一些，個案離改變也更近了一點。

　　所以，理論重要、技術重要、經驗也重要。但是更重要的是，在這個充滿未知、疑惑甚至挫折的探索的旅程中，保有思考的能力。

　　這正是「分析的態度」。精神分析之所以為精神分析，正是因為分析的態度。我想，這是我從蔡醫師的文

字當中看到最重要的示範，遠比教導任何的理論、傳遞任何的技術，都還要重要許多。所以，前面我說，把這本書當成技術手冊來看，其實是太小看了蔡醫師的書寫。

我不能夠肯定，自己這樣的閱讀與理解是否的確是蔡醫師想要傳達的。但是，一如佛洛伊德說的，每個夢都有它的肚臍眼，詮釋總有它窮盡的限度。可是，我們並不會停下這樣的努力啊！

值得比擬的是，2018年此際，在臺灣，眾多精神分析的同好，在蔡醫師的引領下，如火如荼地進行著的國際精神分析學會精神分析百科辭典中文版的翻譯工程。雖說「翻譯即背叛」，可是我們也並不會因為伸手抓不到雲，就不會對天上的白雲有著充滿創意的想像。一種語言難以完美充分地被翻譯成另一個語言，我們確實不會如此地狂妄無知。但是，謙卑不等於沒有好奇與堅持，更不會因此失去了想像力與創造力。就像是，試圖理解、描繪廣袤的無意識語言，把它翻譯成可以帶進意識的語言，這不正是精神分析在做的事嗎？或者說，這也就是分析的態度。

蔡醫師說他以此書向法國分析師拉維致敬。如果，容許我稍稍自抬身價，我想說這小小的充滿我個人揣想的推薦文，是我向蔡醫師的致敬，致敬他所示範的分析的態度。

謹以本書中，我很喜歡的一句話作結，「除非我窮盡了探索，不然，我沒有權利說，我不知道。」（頁92）。而接下來，該是你自己打開這本書，尋找你自己的寶藏了。

| 陳冠宇
臺灣精神分析學會秘書長暨執行委員會委員
美國精神分析學會學術會員
精神科專科醫師

黃世明 /

有用與沒用的精神分析

　　早年有緣跟隨蔡醫師、與精神分析初遇的年代，這門學科在台灣當時的精神醫學學圈還並不特別受到肯定；或許質疑甚或否定其「有效性」的聲音還更多。但對我來說，這類不管是滿懷善意的提醒、輕描淡寫的挖苦，乃至激烈爭辯的貶抑，每每讓我想到米歇爾‧蒙田（Michel de Montaigne）在三大冊的《隨筆集》一開頭的「致讀者」一文裡的一句話：「讀者，此書以誠意寫就。我要從一開始就警告你，我寫這本書……絲毫未曾考慮是否對你有用。」

　　如果作為治療方式，那精神分析一切的意義，似乎就在「有沒有用」這個問題上打轉。要評估有沒有用，從醫學的觀點，自然就是去測量：病人在治療一段時間之後，症狀是否減緩或消失。從各種研究來看，即使不能下定論說精神分析一定比其他療法為差，至少看不出比其他療法療效優異。而精神分析又曠日費時，又如此

昂貴......，但如果說精神分析是為了治療症狀，那麼，精神分析中常用的引導語：「把一切來到腦子的事情講出來」，就令人費解了。把一切講出來，不管什麼事情都行嗎？是的。不管重不重要都要講？是的。跟我的症狀無關也要講？是的。

如果是為了要讓「症狀」消失，看起來並不是很有效率的方法？這會有用嗎？

或者，也許精神分析並不是，或不只是，為了要讓「症狀」消失？

在此先擱置這有沒有用的問題，而來談談蔡醫師的這本《我，離自己有多遠呢？》，它有個副標題是「精神分析想像變性者的心酸事」，這「想像」是本書前段的「小小說」部分。它或許不該被看成「治療案例」，而是某種「說心酸」的例子：個案的面貌在作者（治療師）心中的記憶消失多年之後，因為其他個案的激盪、以及與年輕治療師的討論，又開始逐步清晰地浮現。緣此，個人倒認為彎適合看成某一類型的作者「回憶錄」，這回憶錄圍繞著曾在診療室中的某位個案，包含了他的片斷話語，以及話語在治療師心中留下的印象乃至激盪出的聯想。

甚至可說是，一種命運的見證。

書中描寫的個案，說自己是「一片雲」。「是逗留在人世間的雲，因為多了一根東西，而沈重得，無法飛上天」（第一章）。也許是種必然的不幸，這一根，不

僅是身體的一部分，也是人把生物分爲兩大類（男／女，甚或公／母）的重要依據。至少，不管新手或老手的爸爸媽媽們，在第一眼看到剛出生的小嬰兒時，都是這麼分類的。

如果不想要那一根，那就是割掉，不當男的。這是想當女的囉？

我們總是想讓世界簡單一點，因爲複雜的事很難理解。那麼，我們也可以讓自己簡單一點嗎？簡單，就是專心想一件事，把人生目標聚焦在某個點，某個可能性，全力以赴，讓一切以這個點爲重心。個案老早下定決心動手術，努力工作，立志好好存錢，一切就是等待夢想實現那一天。一切都很清楚，是嗎？

「我要動手術，拿掉我不想要的東西。但我不知道該不該叫做變性？」（第一章）

這「不知道」，或許是因爲「不想成爲男人」並不自動等同於「想成爲女人」。後者，是朝向某個目標；前者，則是遠離，是解開連繫。或許，有時我們以爲，一切的努力都是爲了達到某件事；但到頭來，也許其實我們一切的努力只是爲了逃避什麼？

魁北克年輕導演札維爾・多藍（Xavier Dolan）的電影《雙面勞倫斯》（Laurence Anyway）裡有一幕：當在學校教書的主角勞倫斯終於下定決心，以自己向來希望

的女性形象出現在校園時，一位同事上下打量，隨意寒暄後終於問了，「呃，這是一種反叛（une révolte）？」鏡頭快速帶過眾人的異樣眼光後，勞倫斯說了一句耐人尋味的話，「不，這是一種革命（une révolution）。」

révolte，反叛，是一種對立、對抗。révolution，正如字根re-以及volve所透露的，是繞了一圈回到原點，是想要改變現狀，回到根本。如果說現狀是男與女的對立，那麼回到根本，莫非是某種沒有男女之別的境界？

沒有男女之別，我們可以從多重角度去思考。一個例子是第十五章提到的口誤，「把這根多餘的命根子，留在母親那裡」，個案的困窘意味著什麼？我們可以說，這有著亂倫的性意涵，但關於母親的性意涵，難道不也是一種回到根本，回到生命的源頭，回到那種沒有外我之別、子宮裡圓滿完足的狀態？也許，在個案的心裡，只要少了那一根，一切就圓滿了？

理想中愈是完美，現況愈是可鄙可憎。個案曾經恨過父母，「但很快就不恨了」，而在看著雲時，他發現，是上天的錯，是上天誤將別人的命根子，硬塞在他身上（第四章）。甚至當他發現，命根子會自己長大時，一開始是受到驚嚇，後來覺得是負擔，但在「莫名緊張不安」時，卻「暗暗找它、摸它，不管它是否願意」，「帶著恨，凌虐它」，直到它噴射出一些東西，「那是命根

子的恨意」（第十三章）。恨與快感如此靠近，但卻來
自於這根大家稱之為「命根子」，好像很重要，但於他
卻是多餘的東西、沒用的東西。

而有多少時候，我們在心裡把這種從命根子噴射出
的「白色恨意」（第十三章標題）視為粗鄙無用，就像
台語中的「洨」（「精液」）：「我聽你在嚎洨」的「嚎
洨」，是指吹牛、大而無當的話語；「啥洨啦」是類似
「什麼鬼玩意兒」但帶有強烈情緒語氣；「無啥洨路用」
是極為常見表示「沒用」的鄙夷語句；甚至更拐彎抹角、
但更惡毒的損人方式，是罵人「你爸當年應該把你射在
衛生紙上」；惡毒之處，難道不是在「人的起源」這件
事上徹底把對方的存在給抹消？

說到罵人沒用，大人常罵小孩調皮搗蛋不做正經事，
而能想得到的諸多不正經事之一，大概就像個案說的，
把自己的「洨」塗在玻片上，放在顯微鏡下看。觀察結
果？「那些精子毫無方向感」（第二十一章），「好盲
目啊，只是在那裡亂動亂跑」（第十六章）。身為成人
的我們，總難免帶著傲慢的眼光看著這「人之初」的亂
動亂跑，不管是精子們或孩子們。我們大多時候都忘了，
或者不願想起，自己曾經也是孩子，甚至還曾經只是多
如恆河沙數而命運未卜的精子之一，而當初是多麼幸運
又偶然才有了今日的生命；但身為成人，我們又是多麼
自負於已經長大，不再那麼無辜或盲目，一如作者記憶

中的個案，多少自負於自己已經不再亂動亂跑，而有著
明確的人生目標，那就是努力賺錢，將來可以割掉那根
多餘的東西……

　　見證這樣的生命急轉彎而意想不到地啃噬自己，或
許會讓人覺得悲觀。如作者在第十六章這麼說：「我悲
觀的是，當你將一生的精力，都花在想祛除你的命根子，
那麼你的其它生活，是被你拋棄的人生。」「那些精子，
自始就沒有得到你的愛。」（第十六章）

　　但，精神分析，倘若有什麼用，不就是在提供一種
「成熟的過程與助長的環境」（溫尼科特語），即使不
是提供「愛」，讓這些在日常生活、在一般社會中人際
互動中難見天日的意念、話語，能夠在一種助長的環境
中成熟、浮現嗎？作者在此書開頭致上敬意、書中數度
引用的法國精神分析師拉維先生（Jean-Claude Lavie），
曾在他的著作《愛是完美的犯罪》中提到：「讓精神分
析得以掌握敘述的原因，存在於表達敘述的規則本身。
自由聯想讓話語出現，這話語自滋養的期待中誕生。『想
到什麼就說什麼』這句話聲明了，心裡出現並準備被說
出來的念頭，不需考慮內容的真實、重要性、相關與否、
高不高尚。正是這個規則建立了『說』相對於『被說出
的內容』的優勢，無所遁逃。」也正是這樣的規則，我
們才得以一窺話語背後未曾言明的推動力量，這力量使
話語浮現，自身卻保持沈默。

「說故事這件事，不會只有說話者。」（第二十八章標題）除了被說出的內容之外，同等重要的是：這些「說」，帶著其背後推動力量，把聽者推向何方？聽者本身的涉入無可迴避；聽的方式，正是這些被說出的話語「著床」的土壤。就像受精卵要在子宮著床，需要許多我叫不出名字的化學物質來引導，也需要適當的子宮內環境作為溫床。寫作這件事也不會只有作者，雖然許多作者和蒙田一樣，聲稱他們只為自己而寫。但這和作者在其作品說了什麼其實關係不大，和讀者閱讀作品後被推向何方比較有關。當溫尼科特說「沒有嬰兒這件事，有的是母親與嬰兒」時，也許他也懷著類似的念頭？我們也可以說，沒有作者這件事，有的只是讀者與作品。

本書的豐富，遠比我能在短短的序文中所能擷拾的，甚至比我能意識到的還多。哪部有啟發性的作品不是如此呢？在此利用這個於我至為榮幸的寫序機會，邀請各位讀者，不管有沒有用，都一起進入本書奇妙的閱讀經驗，讓書中如精子般亂動亂跑、極富生命力的眾多意念，有機會激盪出新的思想火花。

| 黃世明
精神科專科醫師
法國第七大學精神分析研究學院碩士
現職台中心身美診所醫師，精神分析私人執業中

小 / 小 / 說

[因想像所以小說]

1

只因爲有風吹來

你說，「我要動手術，拿掉我不想要的東西。但我不知道該不該叫做『變性』？」

嗯，這一切都還是得從不知道開始。

雖然我不是毫無經驗，你也不會認爲你對自己的受苦，是不知情的，不過還是得試著從不知道開始。愈能夠這樣子，就愈有機會經驗到一些令自己訝異的事情。在你我都覺得對眼前的受苦，已經有答案時，反而我們就看不到這些未知，就算是明擺在我們眼前，我們也不會感受到它的意義。

這麼說有些嚴肅，接下來就開始，你和我這趟工作的旅程吧！

你說你有不想要的東西。

你說得有些雲淡風輕，當然可以跟風沒有關係，雖然如果要有關係，也僅僅是一念之間，就可以讓原本的風馬牛，藉著有人說出風馬牛不相干後，突然變成相干

起來。順手抓來的風馬牛，竟是以不相干的方式相干了起來。

這是語言的奧秘，也是人心的奇妙，如果有人主張，精神分析是這樣子起家——隨手抓取了故事和故事之間或話語和話語之間，微不足道的跡象，拼湊出我們不知道的人性。那麼，就可以這樣子被猜到，有什麼就在那裡嗎？

反正就是有東西在那裡。只要我們想要一起看和想像，就可以感受到有什麼存在某處，以難以抗拒的方式存在那裡。雖然在佛洛伊德之後，這種領域已經如日常常識般的存在了，但是它真正的存在，是兩個人開始說話，或者一個人開始說話，而另一個起先是以聆聽為主，後來逐漸加進了對話；就在這種方式裡，這個領域的存在才不是如書本上寫的那般風涼話。因為在兩個人之間，開始了這種奇特的對話後，就算是風涼話，也都是烙印著熱情，冷中帶熱、熱中帶冷的風情。

你說，如果人生可以重來，你一定最先報名登記。

你這句話甚至帶有挑釁的幽默，但是，是怎樣的人生，讓你不想要呢？好吧，我終於需要出場說些話了，雖然我無法完全知道，是來自什麼動力讓我想這麼做。畢竟，事情已經過了那麼久！或許，換另一種說法也許較準確，也就是，自從我們沒有一起工作後，你早就消失在我的記憶裡很多年了。

　　只是這種說法又變得不準確了，因為近來在診療室裡以及我在督導年輕治療師時，所遭遇的種種情況，讓你之前在我診療室裡的模式再度呈現出來。我只能先說呈現出來，因為這不算是我的主動邀請，我甚至不知你現在在何方，是否安好？我甚至暗忖，我的遺憾所帶來重量，讓我的內心深深知道，你是可能過得不太好的。但是我的專業訓練讓我知道，為了再走下去，我必須要放掉一些東西。

　　你的「再現」這種說法需要再詳細些──是你以前在診療室裡的種種，再浮現在我的記憶裡。我在此刻書寫，是因為我有足夠的放心，接下來我要說的「你」，早就是複數的人了，而不是當年單數的你。這看來有些奇怪，我把其他人加在你身上，那你還是你嗎？

　　在我的想像裡，卻不是上述的疑問，而是這些後來其他人的故事和想像；這些拼拼湊湊出來的你，才更接近「你」呢！

　　你說，是你很小的時候，就覺得你多出了一根，你不想要的東西。

　　我記得說完這句話後，你就陷入長長的沈默。好像這種沈默，就是為了讓人在說出這種話後，稍為安靜休息的沈默。我已經無法確定，那是不是你想要的安靜休息？還是因為你覺得我是位女性，因而影響了你的表達方式。

　　我記得你說過，你是一片雲。在當時，我覺得那只是一種很普通的修辭，或者這純粹是我附加上去的記憶？大家都喜歡自己是一片雲，那是一種浪漫的表徵，甚至帶有不切實際的味道。這種不切實際是必要的，因為實際是什麼呢？那只是受苦？

　　我已經忘記，我是否曾說過，要實際一點？現在，我大概很難對任何人說，要實際一點。因為這句話在經驗上，已經是最不切實際的話了，反變成文字的牢籠，卻再也套不住任何東西了。如果把這句話閉鎖在心裡頭，只能看著別人的雲，在天空飄浮。

　　你說，你不相信任何人，沒有人，可以解決你的問題。

　　我能為你多出一根東西的人生，抓住浮雲嗎？

　　「人生如浮雲」這種說法，已經被濫用得幾乎不再有想像空間，讓我覺得更像是死掉的語言。不過，對於浮雲意像的評論，並不是我的工作。重點在於「不論任何一個小念頭、回憶、聯想、形而上的思維、身體不適造成的擔憂，甚至技術上的問題，他都必須把它視為一種『在場』的方式、聆聽時的會意或領悟的儀式，而絕非逃遁的方法。分析師知道，不管對他自己或病人，在分析當中引導其思想的絕不是偶然，而是分析的情境向他們兩人傳了思想的波動。」（Jean-Claude Lavie，《從言語誕生的現實：精神分析實作三景》，中譯：賴

怡妝，無境文化，頁24，2010）

　　嗯，不是偶然。也許「偶然」被當作是命運，如同你的遭遇也可以說是偶然，但這是難以浪漫化的偶然。這句引言的出現，如同某種偶然的邂逅。不過我想，我的工作是就算偶然的邂逅，也需要發揮想像力來臆測。如果不是偶然，那是什麼情境？什麼人生呢？

　　如果我現在想要跟你說明拉維(Lavie)的這些想法，將可能使你更陷進受苦裡；因為如果不是偶然，而是命中注定，豈不是更像沒有出路？

　　我記得，你後來說，今天的風很舒服。但是我聽起來卻是完全相反的感受，想著如果今天有風，是多麼殘忍的風啊！尤其是，如果你想像中寄託心情的浮雲，只是一般隨時可散去的雲，對你是否過於殘忍呢？好像你只能在這種比喻下，過著自己真實的日子，卻沒有讓自己更能忍受，而是變得更難以忍受，使得浮雲更像是在諷刺你，是這樣嗎？你是這麼感受的嗎？或者跟我想的完全不同？

　　你說，你是雲，是逗留在人世間的雲，因為多了一根東西，而沈重得，無法飛上天。

兩朵還沒著色完成的薔薇
約定圍城的計劃
從虛擬關係
湧入另一個更虛擬的議場
準備明天上色做自己

2

褲襠裡硬多出來的殘忍

你說你這輩子的生活，都只為了要割掉這根多餘的東西。

你無法決定它長在你的褲襠裡，你的表情是無奈，掙扎的心境已經不見了。但是你可以決定要割除它，你連一天都難以忍受它在那裡。這樣子過了超過二十年歲月，雖然我仍不停地納悶著，這麼漫長的掙扎和心裡的準備，只會留下「無奈」來喚起那些掙扎的痕跡？除此之外，遺跡還會不會在什麼地方以其他方式存在呢？

我這麼想是預設著，這是多麼困難的過程，不太可能只以無奈，就輕易消化的生命難題。或者可以自問的是，我憑什麼說，那是不容易消化的生命難題呢？這是看輕你嗎？

問題在於這是用殘忍來形容，就能夠了解的事嗎？或者覺得殘忍，只是讓你的困局難有其它的想像空間？

你還說，那是你一輩子無法跟別人說的秘密。你在

各種網路資訊裡，收集很多很多的資料，你知道那是你要活下去的重要訊息，你是靠著那些訊息支撐著自己。

我不能說我不了解你所說的，要秘密地收集訊息，來處理那根令你困擾的突出物。但我的納悶是，你起初都不曾直接說，那根是你的陽具或陰莖，如此直接清晰的具體器官，卻是以突出物的方式呈現。

在你來這裡的很長一段時間，都是以「物」來說明，你一直在處理的事。我始終有個想法和衝動想直接問你，你說的一根東西或突出物，是指陽具或陰莖嗎？不過我不曾真的出口詢問就是了。

「理論和技巧方面的資訊很容易取得，實作的問題卻很難著手。我並不是在說實作很難，實作的難易是另一回事。我要說的是，在我們談論精神分析實作的時候，往往根本不知道我們到底在做什麼。」（《從言語誕生的現實：精神分析實作三景》，頁87）

我不是要搬出這句話來助陣。如果這樣做會好像我在你直接說出口前沒有直接問，這件事一定是對的。雖然這時候，還在計較是做對還是做錯，是有些怪的事。這是反映著，我對於你的情況的不解，甚至是震驚吧？畢竟一個人從小就想要把那麼重要的器官割捨掉，是多麼複雜的一件事！這可不只是隆鼻或隆乳，或在陽具上加進鋼珠來助性那般單純的事吧。

甚至這部分的理論，也是很有限的。如果有人說了

解你的情況，我一定滿腦狐疑，這人到底知不知道自己
在說什麼？就算對方有充分的理論，來說明你何以想要
割掉自己不想要的這根突出物，我對這些說法仍會充滿
懷疑，雖然我的狐疑不必然是對的，但就是這種心情。
我很難了解，你是怎麼回事？你是如何發現自己是不喜
歡那根的？那是一種什麼樣的發現？一如人們發現是有
伊底帕斯情結那般嗎？或者是更複雜的心思？但是這些
心思，都不在目前可以直接思慮到的想法裡，是這樣嗎？
我只能不斷地問著自己。

　　你說，你始終不知怎麼說那根多餘的東西。你甚至
問我，帶著挑剔的口氣，「我曾經大半輩子只為了一根
自己不想要的東西，還要想著如何稱呼它嗎？」

　　我甚至有一陣子在心思裡打轉著，如果要問，你說
的那一根是什麼時，我要說陽具或是說陰莖？也許你會
覺得這是無聊的問題，不都是指著同一根突出物？我的
猶豫是涉及一個是陽，一個是陰，這也顯示著這突出物
的雙重面貌吧？竟然同時擁有陽和陰的特性，卻是指著
同一根東西。如果陰陽也有男女之別，這就涉及了另一
個你的性別認同的課題了。另外，還得再加上你是對我，
也就是對一位女性說話的這件事影響。

　　你起初只說你不要那根東西，但是幾乎不提及你是
要當女人，你不喜歡當男人。這問題乍聽起來好像很單
純，既然不要那根，男人才有的東西，那就是想當個女

人。不過實情比這複雜些，不是如我原先這麼想的，因為我曾問過你：所以你不想當男人？

我不是說你要當女人？我何以這麼問，也反映著其它的潛在想法吧？不過對我的問題，你卻沒有回應，我是確定你有聽到我的問話。你沈默一下，然後談著你和父母相處的問題，好像這是比你想要當什麼性別，還要重要，但是是如此嗎？

當你談著和父母間的情緒糾葛，也許是在回應著我說的，男人或女人的問題。你是在反應我把問題太簡化，因此你繼續談論和父母的糾葛，來讓我知道，這不是那麼簡單啊，是糾葛難解的習題。這是我事後的想法啦，當場，我只是覺得，你怎麼不直接回答我的問題？我說得如此直接，你何以要閃開呢？這到底是怎麼回事？

是不是糾葛難解，才是真正的問題？至於什麼問題糾葛難解？也許是不同時候會有不同的內容，或者甚至是誰覺得糾葛難解，可能都超過我想像得到的？可能是你嗎？或是你覺得應該是父或母？或是上天？老天爺？或者是我？

雖然我是預設要幫忙你的人，但是預設是一件事，實質會怎麼樣，我無法全然知道。只能隨時假設，你是在對我說話，你會怎麼說，勢必跟我有關。不過這畢竟只是假設，我仍得保持著觀察和想像，這是我對於你的反應的不了解所做的猜測。這跟我想要簡化問題，直接

從你的回答，獲得答案的情況是有所不同的。

　　畢竟，要了解一位從小就想把被叫做「命根子」去掉的人，這是很不容易的事。

　　你說，你是不被愛的人，卻要替這個世界想像，天空的雲裡是否還有詩意？

臉紅公雞在後院引誘雞冠花
以發霉的舌頭
來毀滅詩人說話的行業

3

一朵雲需要多少罪惡感
才能飄起來？

你說，你不喜歡成為別人的心理學。我不了解而問你，那是什麼？你說就算來找我，你也不希望被當作心理有問題的人。

當我說，你是從小就想把被叫做「命根子」去除的男人或男孩，這是什麼意思呢？

我對於這個疑問裡的男孩或男人是猶豫的，因此我在前一章提出這個疑問時，並沒有從男人或男孩的角度來說，如果我說這個猶豫，隱含著深度心理學，你會知道這是什麼嗎？其實我很難定義什麼是深度心理學，雖然在文獻上是可以找到一些說法。如果我先簡化地說，那是相對於意識層面，我是將潛意識的心理學，界定為深度心理學。不過這個說法還是面臨一個常識般的疑惑，例如前述要描述你是男人或男孩時，我的猶豫，包括了如果你從小就不喜歡那一根，照一般的想法就表示，你

是不想當男孩，想要當女孩。

這個說法真的如此簡明嗎？但這是意識層次的說法，如果我們想要從潛意識來思索的話，我如何形成這個疑問呢？你可能仍不了解，我這樣繞著圈子說，是想要呈現什麼更深層的說法？當我想或者你說，「你從很小時就想要當個女人」，這句話是表面的說詞還是深度心理學裡有你潛意識的期待呢？

你說，你看過不少書，沒有一本書或一篇文章，有說中你的心情和感受。

也許那不是目前最重要的問題，我只是先提出來思考一下，以後在我談了其它的內容後，我會再回來這個課題，這純粹是我個人的好奇，是我從資深前輩的想法中繼續發想，「因為我不是時時刻刻都在質疑自己，所以我通常應該認為自己的理解是正確的；可能在我不質疑自己的時候，反而才是我最需要質疑自己的時候。但這個疑問又是為了保證什麼呢？我質疑自己的時候，是否應嘗試把這個疑問歸類到病人在我身上引起的反應項目之下？換句話說，應該質疑的其實是這個疑問產生的原因？」（《從言語誕生的現實：精神分析實作三景》，頁92）

我在這裡提出前述的疑問，是想要表達人和人之間溝通的難題，包括你和我在這裡交會時，我是充滿了好奇和困惑。到底你是以男兒身想要做改變，或是你不自

覺的感受和期待，是來自你覺得自己是女人？如果是後者，就表示你從一開始，就不曾覺得自己是男孩？

現在你來告訴我時，已經是二十幾歲了。我如何確定你告訴我的，你從很小的時候，就想要把那一根割掉時，是多小的年紀呢？你現在所說的，就是當年的記憶嗎？或者你說的，是後來你覺得當年應該是如你目前所想的那樣想呢？

你說，你沒有不當男人，但是那一根卻是多餘的。

好吧，我最好再回到你的想法裡。我的想法只是在表達我的疑惑，我需要為自己的疑惑，尋找更多的語言來描繪它。當你說，你記得有一天午後，你看著天空的雲，你覺得自己長錯了，你不應該擁有那一根，那不是你該有的，一定別人的，卻長錯了地方。如果你這麼想著，那位你不認識的人，他缺少了一根你有的東西，就顯露了你之前說的，「你只是不喜歡這根東西，因此想要它離開你的身體」這句話並不是單純的只是這樣。那麼，這跟你心裡覺得自己是男或女有關嗎？

一般人的常識，會以男人或女人，來想像你的心理世界。我原先的想像，顯然也是太常識化了，是扁平化的想像，只區分男人和女人。在你的說法裡，並不是單純從男人或女人的角度，談論那一根，而是充滿著罪惡感的感覺。對於你談論看著雲的說法，讓我更難相信，你所說的想法是當年的想像，我推論是比較接近你長大

後的感受。

對於你說「看著雲而有那些罪惡感」的景象，我何以不相信那是你真正的記憶呢？我還無法完全了解，何以這麼想，不過這的確是我的感受。我不是堅持自己的感受一定是對的，但是我也無法忽視這種感受，至少我是相信，這個疑惑是呈現了一個深度心理學的課題。

如果是你的罪惡感驅動著你，想要趕走你身上的命根子，而不是一般認為的，男或女的問題驅動著你，那麼這代表什麼意涵呢？仍值得再慢慢觀察你的變化吧？因為我也還無法完全說服自己，你這麼嚴肅且重大的問題，會跟男女的問題沒有關聯。

你說，到底前輩子出了什麼事，這輩子要為了一根多餘的東西，努力奮鬥把它趕走呢？

奇怪的是，我竟然也莫名地感到罪惡感，那是對於你談著天空的雲時，我並不覺得那是一種浪漫，而是一種掩飾，是刻意想要避掉真正的受苦。不過這些瞬間出現的想法，還沒有明顯的跡象來支撐我的感受。倒是對於你說看著雲的這件事，有種反感！讓我覺得，你是不是不想要面對自己的受苦，而硬要以這種雲般的浪漫，來讓我更難接近？

你是規律地來治療，但是如我猜想的，這若是很困難處理的受苦，那麼你是會尋找某些方式，來讓自己減少受苦，使自己仍有力氣和勇氣走下去。我何必對於你

說的雲，感到惱怒呢？這是有些奇怪的反應，我也因此感到罪惡感。

這是你的罪惡感，還是我的罪惡感呢？這是更奇怪的問題了，如果你和我都有罪惡感，只是各自的理由不同，你覺得自己多了那命根子，是從別人那裡誤植過來的，你讓別人少了一根，那是他人需要的。而我是對於你說雲的景象感到惱怒而有罪惡感。兩件看來是截然不同的事，竟因為你我有個共同的罪惡感而有所連結，這是怎麼回事呢？你的罪惡感和我的罪惡感，除了使用相的字詞「罪惡感」外，還有其他相同的部分嗎？

你說，你就像出生在一個被別人佔領的國家，逼得你的人生，只能一心一意想著要把別人趕走。

勉強蜜蜂苦等兩朵白花
夾住別人的鄉愁
卻點燃我想像花的肚臍裡
列隊的慚愧面容

4

一朵雲需要深度心理學？

你說，你幾乎不跟別人交往，你要自己當一朵雲。

我把你說的雲，感受成你要避開真正的問題和想法。這是我在心裡硬塞到你身上的念頭。你覺得自己的命根子是被誤植的，或者更嚴重的說，你是被硬塞了這根，你甚至覺得，那是從別人身上拿過來的，你也需要替這種誤植負擔某些責任。

我對你的描述，有種負面的感受，這會不會成為你和我之間的障礙呢？對你來說，你是覺得自己在很小的時候，就曾看著天空的雲，然後覺得自己身上多了一根，那是別人的命根子。但依我的直覺，是認為你可能在很小的年紀，就有如大人或詩人般的心情看著雲，但對於自己的生命難題有了感嘆，可能是你長大後，才附加上去的想像吧？

你說，是你趕走同學的，他們都想跟你做朋友。

不過，我何以要跟你說的那朵雲過不去呢？那是你

心中曾有的雲，也許還有其它的新意？只是我被原先一般男和女的看法所妨礙，而覺得那只是你的想像，或是你硬塞一個後來的記憶，是為了掩飾你以前說過，你曾經恨過你的父母，那時你很快就改口說，不是他們的錯，那是上天的錯，是上天誤將別人的命根子，硬塞在你身上。

　　你說，你很快就不再恨你父母了。我不知道那是多快的時間，讓你如此轉變？雖然我相信人的心理轉變，是可能只在一瞬間。但是當你這麼說，我還是存疑的，覺得你只是將對父母的埋怨，轉移到上天，也許這是你後來說，你在看著雲時想著「自己有根不要的命根子」的緣故吧？

　　好吧，我就展示一下，我會這麼聯想的背景秘訣吧！這是找工作的秘密指導，「從此以後，精神分析就變成了揭露無意識思想程序的方法，而且是唯一可行的方法。上面這句話，其實就是佛洛伊德本人為精神分析所下的定義。從這裡我們看到了精神分析的一個很重要的特性：精神分析這個東西在治療框架之外是不存在的，換句話說，它只存在於它的實作經驗之內。」（《從言語誕生的現實：精神分析實作三景》，頁85）

　　但是我工作的秘密指導也可能帶來困惑，雖然我相信，你的困惑是需要的，而且是一如你說，不知道上天為什麼跟你開這個玩笑？竟將別人的命根子放在你身上，

那麼那個人該怎麼辦？甚至讓你想著以後要割掉它時，不知道要還給誰？唉，這可是多麼令人心酸的話啊！你說得有些好笑，但是你的語調卻是如此嚴肅，好像你真的在替另一個人著想，那個你從來不知是誰的人，那個人是否介意自己的命根子被拿走了？

有陣子，我是常浮現「這是某種伊底帕斯情結裡，擔心被閹割的小男孩的想像嗎？」不過我放棄了這個想法，覺得塞不進去你的故事裡，何況依照目前的文獻，很難完全解釋有這種情結的人，會真的想要割捨掉自己的命根子。難道這是「昇華」，替那位不知是誰的人著想嗎？

唉，「昇華」的想法在這裡出現，是太怪異了吧？我想我是陷在難以了解你的困境吧！這種想了解的心情，讓我有些急切地想要硬塞理論給你。甚至想要說服你，我說的可是深度心理學喔！如果你拒絕了我的理論，那可是你的損失。不過這只是我的白日夢般的空想啦，只是呈現我在困難了解你時的處境，讓我有白日夢吧，以為我仗著現有的理論就想說服你吧？

你說，你不能讓別人知道你心中的秘密。雖然褲襠裡的秘密，是你無法阻擋的事，但是你心中的秘密，是你可以選擇，要不要讓別人知道。

那麼我如何從這個角度，談論你最在意的「命根子要拿掉」的事呢？那將是發生在這裡之外的事情，我能

說些什麼？說我的擔心，說你要謹慎些，因為會有不少副作用？但是如果這樣子做，意味著我真的知道你的事很多了，而且有腹案知道要如何處理，就像你覺得那是被上天誤植的東西，你只要將它拿掉就解決了你這輩子的最大困擾。

事情這麼簡單嗎？這個疑問在我腦海裡的聲響，遠比我對其他人的困惑，還要更大聲。

你說，你早就知道，怎麼處理這根別人的命根子了。我已經忘記那時候的氣氛，也許我的遺忘也是有意義的；我當時已經認為，你沒有明說的就是手術拿掉它。但是你沒有說，我卻是直接這麼猜想，也許是你的口氣裡，有某種切割的氣息吧！但是那種切割的氣息，只是針對你的命根子，或是你覺得我根本幫不上你的忙，而想要切割你和我的關係？

畢竟你來和我交談，我也只能交談，無法幫你動手術，也無法幫你找錢，讓你可以更早接受手術。然而你顯示出來的，並不是很急切的心情，到底是經過了多少心情和想像的轉折，才變得如此冷靜？是那種同時把周遭都捨掉的冷靜。

這是你的出手，帶有手術刀般的氣氛。

我冷靜下來想著，我在這裡，如何開始我的任務？不論那句前輩的話語是不是全對，至少我也是需要一些想法，來作為我暫時依靠的工具。就好像是你說，年紀

小時，望著天空的雲，現在改換成是，我需要望著上天的雲。不然面對你的苦難，我能做什麼呢？

我是真的疑惑著，我能做什麼呢？就算有了那句指引，我仍需要自己摸索，反而你有明確的人生方向，要割掉自己的命根子。我卻是處在無知的狀態裡，雖然我知道自己不是全然沒有心理學的知識，我甚至想說，我所知的心理學可是叫做「精神分析的深度心理學」呢！但我是需要擱置，這些號稱是深度心理學的知識。這可是很難熬的工作啊！

你說，你不想讓你心中的秘密，變成硬塞給朋友的一種負擔。

就算左手
捧起天光
也有明天薔薇的殘酷
右手仍然不是好日子
摸索左轉辛酸的超現實

5

「荒謬」兩字
有幫助了解什麼嗎？

你說，你竟然變得只知道自己不要什麼，卻忘了自己要什麼？

所以我要談的，到底是「你是一朵浮雲」或是真正的你呢？人生如浮雲，這是過於浮濫的比喻吧！但是我也沒有美化你的困局，或者也沒必要過於擔憂你的困難。不過，這兩者都很難說到就做到。

你說，你是局外人，也說你是異鄉人。你沒說是否為卡謬的《異鄉人》的意象？不過你提到了太陽；你說有天中午出門，為了去銀行刷你的存摺，確定你的錢不會突然消失不見。雖然你知道你從網路上，也可以知道自己存了多少錢，那是你替自己準備做手術的費用。

你說，走在路上，看著正中午的太陽，讓你覺得自己是局外人，是異鄉人。你曾說過，看著雲，想著自己要拿掉多餘的命根子，但這時你是提到太陽，而太陽加

上局外人的說法，就接近了卡謬的小說了。

不過這可能是我的過度想像。

這是提醒我自己，何以會說「美化了你的困局」？這是什麼意思呢？如果從小說《異鄉人》來說，那是存在主義哲學盛行時的小說，好像一切就以「荒謬」兩個字，就可以說明很多人生事。在那時候，也許兩個人只要說出了「荒謬」這兩個字，就會馬上知道那是什麼？但這是實情嗎，是否反而美化了你的困局呢？如果以幾個簡單的語詞，一如我先前曾想著的：伊底帕斯情結、原初場景或者破壞本能，這些被當作是深度心理學的說法，就足夠說明你的問題所在嗎？你可不要以為，我是看輕自己的工作。我還是很高興有那些概念作為我工作的資產，只是在這種情境裡，讓我覺得我需要多想一些，因為對於你的生命課題，我的了解還是相當有限。

你說，你甚至不知道什麼是悲傷。那是很久很久以前的情緒了。

我不是謙虛，也不是為了表現自己，而做個不隨意打擾別人的人。不過我是深刻知道，如果簡化或者美化你的困局，會讓你更處在困局裡，那些無法說出口的微弱聲音，就會被葬送在美化的語詞裡，難以脫身，失去替自己伸張不同感受和想法的機會。這是我從其它的工作經驗裡所累積的經驗，我的確有很多地方需要參考以前的經驗，但是有些地方卻需要讓那些經驗先站在一旁，

不要過早地跑進場來幫忙，否則會變成是攪局，反而讓局內人或局外人難分難解。

「雖然佛洛伊德的書中舉了很多實例，但這些都是為了舉例說明之用，並不是要我們如法炮製。他甚至很清楚地寫道：『我必須告訴各位，我的實作是唯一適合我個性的方法。我相信如果換成一個和我個性截然不同的人，他可能會認為對於病人和所要完成的工作，應該採取另一種態度比較適當。』」（《從言語誕生的現實：精神分析實作三景》，頁86）所以我對於自身經驗的描述還是有所本的，我在工作裡依循著古老的訊息。

你說你習慣站在身外看著自己，覺得自己是一個奇怪的人。這個人一度是你很喜歡的，但是你知道被衣服遮住的下體，有了一根多餘的東西，那或許是上天給你的暗示或訊息。我緊張地等你多說一些，因為不確定你的說法是脫離現實的妄想，或者只是一種描述方式？

後來你說的讓我覺得，更接近你是在描述那些合乎現實的經驗，但你卻是用「上天來的訊息」這種說法。我曾想過，我是依靠著我行業裡的古老訊息，來自佛洛伊德，而你是來自上天。到底我的佛洛伊德，有沒有比你的上天還要高明？你的上天帶給你一根誤植的命根子，而我如果想要找出簡要的術語，就這樣充當了解你的語句時，是否那會如同你的上天帶來誤植的訊息呢？

也就是，我是否會以誤植的概念，當作是了解你的

方式？因而變成我是誤植了一些概念和理論在你身上。
嗯，這個比喻是從你的經驗的聯想，倒是個不壞的聯想，
也變成了我和你工作時的戒律。關於戒律的說法，聽起
來是有些嚴重，也許說是「參考點」會好些，也許吧？
我是這麼想的。

尤其是當你說，你很擔心我是否會因為你的狀況，
而不建議你去動手術？甚至擔心如果你不聽我意見，我
就會不再和你見面。你這麼說時，有些突兀，好像從你
原本說的家庭故事裡，突然蹦出來「擔心」。但是這只
是擔心嗎？是你擔心我，也就是你替我擔心我會那樣子，
而且你覺得好像就是會那樣子。

你這麼說時，好像在暗示我，覺得我是會違反我行
業的戒律，背離你而去。雖然你是說擔心，但是這種擔
心的語詞裡，更是隱含著我會這麼做，或者你可能在其
它地方發現，我早就這麼做了！我早就背離你了，只是
還無法清楚，那是什麼時候的事？由於你覺得是早就發
生過的事，在你說出擔心時，讓我覺得更像在說，我違
背了工作的戒律。

你說，我不可能了解你。

要問牙齒
可以硬挺幾分骨氣
順便擦擦眼鏡轉角處
蹲著當年沒看清楚的自己

6

如果保持距離
我能夠看見什麼呢？

　　你說，你不滿⋯⋯。你覺得外面的人總以為自己知
道你的問題，了解你的問題，這反而讓你充滿了憤怒。
我猜這種憤怒，大概不會只是來自社會上的其他人，可
能還包括你的家人，現在也可能包括我。或者我需要勇
敢地猜測，一定包括我；我是需要這種「必然如此」的
可能性當作工作的起點。何以說這是我工作的起點？你
以前並不認識我，但你現在談論以前的事時，會跟我有
關聯嗎？

　　精神分析家溫尼科特說過，「沒有嬰孩這件事，有
的是嬰孩與母親」。另外，寇哈特談論內在關係時，也
是主張自己和對象是合在一起的角度。因此談論「關係」
是從自己和客體對象是一體，也就是，你和我是一體的，
以這樣的角度，來觀察你告訴我，你的故事時，我是如
何被你不自覺地看待。這當然只是觀察人情世故的一種

方式，就像是拿著望遠鏡或者顯微鏡來看世間，會產生不同的視野。

你說，你不滿某位女老師，她曾經在上課時，對變性人開玩笑。那陣子剛好媒體在談論，關於泰國變性人的事。當時你相當生氣，覺得那位老師憑什麼瞧不起變性人！我可以想像的是什麼呢？你此刻不滿的情緒是明確的，因為就在這裡出現，但是故事裡的其他人，我都沒有見過，我要如何理解你說的事呢？

並不是要懷疑你說的事是真是假。我要說的是，在這些現實侷限下，我要如何聽你的故事？我甚至無法叫你脫下褲子讓我看看，你是否真的有你說的那根被誤植的命根子？我是不是應該看了之後，再來判斷接下來可以說些什麼？

你又再說了一次，你覺得那位女老師很差勁！你咬緊牙齒，發出一些氣音。如果我把問題拉回到你身上，問你：「何以對那位女老師這麼生氣？」這麼問，大概很愚蠢吧？這已經是很明顯的故事和情緒，你也都有了具體的事例和人物，只差沒有告訴我，那位女老師的名字。

好吧，我需要說明的是，如果你有說出當年那位女老師的名字，就更能證明你現在告訴我的故事，就只是在說當年的故事，並沒有想要表達目前的心意和感受，是這樣嗎？

　　這出現了一個值得細思的主張，是來自「精神分析取向」特有的主張。這種主張無關對或錯，而是這種主張形成了一種獨特的觀察法，就像是發明了顯微鏡來觀察物體那般。以這種特有的主張來觀察時，是和其它方式有所不同。例如，「預先設想治療是『為病人好』的分析師，對於病人訴說的生活狀況、痛苦、夢想等等會相當關心。這樣的實作將這些『假設是事實』的生活資訊納入考慮，以便為治療設下瞄準的目標；但是也有另一派的實作，反而極力和這些生活資訊保持距離，只關心這些資訊在想像中和分析師建立了何種角色遊戲。」
（《從言語誕生的現實：精神分析實作三景》，頁97）

　　如果保持距離，我能夠看見什麼呢？我能看見的是你的所有可能性嗎？這或許是可能的。或者我只能看見在「精神分析取向」主張下能看見的材料？我最好承認這種可能性會比較貼近事實。雖然我是希望能夠完全從你的角度來看事情，但是我需要先分辨所謂的「現實」是什麼？這並非意味著，我就是要屈就於某種事實，而不會受到其他說法干擾。如果以精神分析的觀察方式，比喻上像是顯微鏡，那麼自然會有它的強處，但也有它的侷限。

　　你說，你曾經看著那位女老師的小腿，看著看著，你的命根子竟然性趣起來。你嚇一跳，趕緊回神，你說這更讓你覺得你的命根子是多餘的。我想這跟你先前說的，

看著天空的雲時，有著相同的推論。但是不同的是，雲
到處都是，隨時提醒著你，那根是多餘的。

　　我此刻突然想到，是否你說的那朵雲是很特定的，
並不是天空的任何雲朵？當你說到女老師的小腿時，我
也順著你的話語，瞄了自己的小腿。這小小的動作，讓
我嚇一跳！我怎麼如此不自覺地，跟著你的話語，做出
跟你的故事裡相同的動作。你說，你看著女老師的小腿，
而我看著自己的小腿。這時候我好像是你，也同時是那
位女老師，我不曾謀面的老師。我的動作，讓我自己進
到那個女老師的位置。

　　但是這個不自主的動作，反而提醒了我，要注意觀
察自己的反應和想法，是否認同了你？我的意思是，我
不自覺地相信了你說的話，或者更深刻的，我相信了你
在說詞外的其它意義。這種相信跟一般說的，人和人之
間的互信，在本質上是有所不同的。這裡的相信是有可
能讓我走向誤解的開始。

　　這需要多加一些說明。一般人認為，要相信他人，
才有可能進一步交往，但那是指日常生活裡的部分情境。
對我來說，我如果陷進不自覺地過於相信，或說專業的
用語「認同」你，這會讓我在看見你的困境時，被侷限
在你的視野裡。這是很細微的互動所帶來的結果。

　　當我只能看見你的侷限，並跟你走進了「覺得人生
無奈和無能為力」時，其它的思考和想法，就不自覺地被

忽略。就像你相信你的問題，是在於你有多餘的命根子。你投注所有的生命力氣在這個問題，你很專注在這個相信上。但結果卻是如你目前所遭遇的情境，這個問題之外的其它領域，對你來說都是沙漠那般。

我無意說，人需要注意人生的所有事務，這是不可能的。因此我前述的說法，只是相對地說，當你只投注在某項相信時，是否可能忽略了其它會對你的整體問題有助益的生活情境？但那是什麼，我無法幫你預知。你在目前感受到這種困境，而這種困境是來自於某種相信，如果我也只是如你相信的那般相信，那可能只會帶來視野的侷限。

你說，你不想說服我。

那個地方有自由的玫瑰花嗎
有人權的松葉牡丹嗎
需要挽救長鼻子右側
五點鐘部位
一顆稻子哀嘆褪色的戀情嗎

7

待在你的鞋子裡
看著天空

你說，你後來漸漸不再相信任何人。你覺得上天不經你的同意，就給了你天大的玩笑。你的意思是說，由於上天的緣故，所以對於地上的人也不相信了。但是你說的是，漸漸不再相信，而不是一開始就不相信。我想像和猜測你的說法前，曾問你，你覺得最介意的問題是「上天的錯誤」？但是，你認為是一種生理上的問題。

不過，你也說，這是後來才知道的。在當年，你再說了一次，你看著雲而覺得自己怎麼會多了一根，不想要卻被硬塞的命根子。此時你也用了「命根子」這詞，雖然在先前，你提到那一根時，我就自動地以「命根子」來等同你說的「那一根」。

我先前提早將你說的那一根，和我先想像的命根子等同起來，這是你的心意嗎？不過這個疑問，是在你親口說出「命根子」這三個字時，我才突然感到的疑惑。

　　如果我繼續想著這個字詞上的心理意義，也許你會覺得，這是否是你想要的？

　　因為你就算來找我談，仍是一心一意的相信，你的問題的解決方式，是趕緊有足夠的錢，可以做等待已久的手術，那才是正本清源。如果簡化你的心意，那只是經費和技術的課題而已。

　　對我來說，我是不願意陷在一般論述裡，去強調你的生物和基因學問題，似乎只要如你所想的方法，就可以解決了。我無意說，你想要去掉命根子是心理發展的課題；如此說，只會帶來誤解，以為我真的相信，是誰造成了你的問題。我當然也有疑問，但很謹慎地不想馬上跳進「造成你目前這樣子想法的是什麼因素？」的猜測裡。這個命題，永遠是人的好奇心所在，讓缺乏經驗的新手一心一意，只想要找到那成因，但經驗豐富者卻可能陷進另一種困局。

　　例如，「有時我們會下功夫做出一些既巧妙又深刻的詮釋，將病人所說的話和他幼兒時期的某個情形聯想在一起，同時還融合了現實與幻想。然後我們會發現，這些既巧妙又準確的詮釋傳入病人耳中後，他認為他聽到了責備的語氣，或是我們對他不幸遭遇的關心。有時病人聽完以後，只覺得所有的精神分析師都在重覆一樣的陳腔濫調。」（《從言語誕生的現實：精神分析實作三景》，頁91）因此，我是站在這些臨床的現實上，再

進一步思索，有什麼出路？因為如果只是要手術，你是
不必來找我的。

　　你說，你沒有心理問題，不是因為有心理問題才要
手術。

　　我想到另一種例子。在早年，做身體器官移植的外
科醫師相信，那只是生物學的處理。如果一位病人心臟
有問題，想要活下去時，是很渴望有另一顆心臟來救他。
但是有人在手術成功後，卻開始心情抑鬱，甚至不想再
服用相關藥物，讓手術成功的心臟得以繼續運作。

　　我是以這個例子來說明，你的問題是來自於什麼想
法？如果站在心理學的立場，總是要敢於想像和猜測；
若是心理因素帶來了目前的受苦，那可能是什麼呢？那
能夠被推衍到生命發展的多早時候呢？這種推論，或許
會帶來某人被責備的命題，這會是另一個複雜的命題。

　　你說，「命根子」是種很奇怪的說詞，是你無法了
解的說詞。我說，如果你了解了，那就是說你的手術是
在切除你的命根子。那是很有意義的「存在」，不再只
是切除一根東西，那麼單純了。

　　你沒有馬上回應，但是從你的沈默，我無法觀察到，
你的同意或不同意？我的說法變成了沒有聲音的說詞。
是否我明知道我的說詞，可能會使你覺得，你是在被我
責備的時候，我仍說了出來？我只好暫時打住自己原以
為不錯的這套說法。

　　是否你是誤解了我的意思？或是我在對你的誤解上做起了生意。我說的生意是指，你來這裡尋求幫助的這件事的意義。你是來做生意，好像推銷員，要說服我買你的結論。我差一點買單⋯⋯，當我隨著你說看女老師的小腿時，我也不自覺地看著自己的小腿。你說你的問題是來自上天，那麼我是否要飛上天，和上天理論，為什麼帶給你這種命運？這是有些誇張了！我並沒有被你說服，認為要怪上天。我是知道要完全解釋你目前的僵局，還很困難。

　　你說，你看過很多心理學的書，但是你拒絕任何的理論。

　　我只能說，跟你互動以來，我不是只搬書上的理論，來假設那是我對你的了解。因為在以前，我早就經歷過被拒絕的經驗了。不是說詞有多漂亮、多上道，或者是多有深度就夠了，是在於你需要有自己的方式，來解決你認為的問題。你奮鬥那麼久了，雖然你來找我談，好像有一部分心態是要聽我的意見，但是我相信，至今我的意見，大概都是如一般所說的，像路口的紅綠燈，只是作為參考用，而不是要依據我的意見來作為。

　　我需要一直克服一種困局。即使我曾經在其它地方說過這種現象無數次，我在目前也想到過，但是這些都無法讓我免除掉，「我想要幫助你」的這種心情。只是這種心情，的確很容易讓我一不小心就走進你的鞋子，

就只能一直待在你的鞋子裡，看著天空。

　　嗯，所以你說，看著天空的雲，看來是另有個背景，就是我剛剛想到的，鞋子裡，處在鞋子裡，看著天空的雲。原來你說的那朵雲，是需要這種方式才看得到，而且不是指天空中的所有雲朵。也許吧，這是我的想像？嗯，尤其是我順著你的話，看著自己的小腿時，我應該還在你的鞋子裡吧？

　　這時候，我需要的是自己打造梯子，讓自己能夠爬出你的鞋子，而不是在你的鞋子裡，高談著我在其它地方讀到的無聲的道理。

　　也許吧，是不是要有這種自覺呢？這真的是我的自覺嗎？或者依然還只是在你的鞋子裡的想法？我的困惑，好像跟你起初來找我時的想法無關，因為你並沒有預期，我會處在這種狀態。但是，這又真的跟你來這裡找我，是無關的事嗎？

　　你說，你不知道，我會怎樣看你？你希望，我不要把你，當作是病人。

一朵童年孤寂的雞冠花
被欺騙的歷史知識
刺激開成一束多情花
低頭看著
風景明信片吹來的
風風雨雨

8

鋼的意志
有時是茫茫然的口氣

你來找我，我可以感受到，你是另有它求。因為你早知，我不是做手術的人，你是否需要被我評估，來作為決定手術的一環？我認為也是無關的。你來了，女老師的故事讓我感受到，你對於我這位女人，是帶有一些隱隱矛盾的。

好吧，跟你之前的問題無關，卻在眼前發生的事。你對我有隱含種種的矛盾，這些矛盾是什麼？這是需要被專注的焦點嗎？熟悉精神分析取向者，也許會視為理所當然，是需要這樣來觀察和想像：你來這裡，除了帶來你的問題和主要抱怨外，是否還有其它的話外之意？

你說，你的日子，都是白白度過的。從當年，你想要將那一根拿掉後，你的日子都是白白度過的。你那時立志，要好好賺錢，要有足夠的錢，將那根拿掉。你說出了類似的想法，雖然描述的方式有所不同，有時是帶

著猶豫，有時是肯定的，如同鋼的意志，有時是一種茫茫然的口氣。

難道這反映的是，你以前的矛盾，有不同的心情？或者是以前只放在心中的話語，這時候，你要開口對我說，這才是挑戰的開始？並不是以前沒挑戰，而是以前你只要專注地守住自己的嘴巴。守久了，變成不只是嘴巴沒說這些事，而是生活裡除了在不同的工作裡賺錢外，其它的就不在你專注的範圍裡了。

換另一種說法是，你不說出口的意志，讓你的生活四處設下屏障，變成不只是嘴巴封閉起來，連生活也處處是封閉的地方。在你的生活裡，這也是後來我才稍微知道，你無法待在一個固定的地方工作，因為你很怕被看穿，你沒有說出來的，褲襠裡藏著一根，你不要的東西。

偏偏那根東西，在你有壓力的時候，就會更顯得澎湃起來。好像器官裡，小的血管有著大海浪潮般，一下子，就會讓你的不安硬起來。你並沒有說，硬起來的是，你的不安！雖然你的褲子，已經刻意選擇愈來愈寬鬆的褲襠，但是大海的浪潮實在太大了。而且無日無夜地，一陣一陣打上岸來，讓你需要一直閃躲著。它常無風卻起浪，所謂的「風吹草動」是真正讓你沈陷在，草木都是兵的處境。

你說，你覺得我根本無法了解你，只因為我是女人。

你再說，對於女人，你眞的不知如何相處。你這麼說，讓我有了不同的疑惑。

首先，你是在說我，說你不知道如何跟我相處。這種疑問是無所不在的吧？就算你是因爲我有專業，才來找我，但並不保證，你就一定會相信我這個人。對這種可能性，我是很有耐心的，我知道這是很深沈的複雜感受。不是勉強你或說服你，「我就是個可以依賴的專業人員」，然後，你馬上就會拋掉早就存在的不安。

何況，那些硬起來的不安，仍然不經你的同意，偷渡著，你難以接受的愉悅。

另外，我的疑惑是，你說「不知如何跟女人相處」。如果是未來，那意味著你在手術後的性別認同；你會是你不知道如何相處的「女人」？或是不想要有命根子的「男人」？

這提問仍是模糊，甚至是曖昧的。如果是女人，那就不再是你和女人，不知如何相處的問題，而是你不知如何和自己相處了。多年來，你爲了守住秘密，而讓自己和別人保持著距離，幾乎沒有親密的關係，如果手術後，你變成跟自己都很難相處，這會是什麼局面呢？

這是會替你帶來愉快，有著期待的未來嗎？或是更大的災難呢？我也許要先自制一下這種擔心。關於對未來的擔心，我是有以前的經驗爲基礎，但我還是得專注在目前。雖然有人會說，不擔心未來，可能會替未來帶

來災難。兩種態度都各有人生哲理和經驗，不過在目前，我是有更多對於你的困惑，「由此可見，分析師和病人對於效果的看法很難達到一致。那麼，對於治療的進展或僅僅是對於他們親身經歷的實作，他們的看法會比較接近嗎？如何想像兩個位置如此懸殊、角色如此不平等的人，對於他們的經驗能夠有共同的說法？他們只能各自就單方面的立場來理解分析的情況，很難釐清哪些是客觀的事實，哪些是自己的投射。」（《從言語誕生的現實：精神分析實作三景》，頁95）

　　你說，「自從那位女老師說了對變性人的嘲笑後，你就對女人，不再抱著希望了」。這句話，當然無法說服我。我是很難被你說的這個事情所說服，而認為事情就這麼單純。畢竟，要相信事情很單純，並不是我的工作，雖然我不會排斥，事情是有單純的一面。

　　你都需要來找我了，如果我仍只是一昧地相信事情就是很單純，這一切都是上天的錯植命根子，加上那位女老師的錯誤話語……那麼，接下來呢？你把你的人生困境，設定在這種已發生而無法收回來的情境和話語裡，這只是將問題更推向「無解」。我需要不斷地告訴自己，要避免掉進你所說的故事裡。只因為，你說的故事很像客觀事實，但是偏偏我的工作需要有不同的想像。

　　雖然大部分的時候，很難知道我的想像是離你更遠，或更貼近你的心思？

五里霧的尾巴
終於有了心情
等待有慚愧的土地
長出有頭有腦的自由

9

「愛」
需要多少單純的硬度

　　你說，你不知道要喜歡男人或女人？你不曾和任何人有過性愛活動。

　　以我的記憶來說，你是不曾和他人有過所謂「交往」的經驗，大都只是你有「喜歡」的念頭，甚至你都不確定那是不是「愛」？我曾問你，是不是「愛」，差別在哪裡？你想了一會兒說，就看你那根有沒有硬起來。

　　我是更納悶，如果你手術去除命根子後，你要依憑什麼判別，你是否愛對方呢？也許我的想法，是太相信你隨口說的判斷愛的方式了。也許那只是你隨口說的，你還有別的判別方法。但是無論如何，你既然這麼說了，還是有它的意義，我可以再觀察那是什麼意思。

　　你說，你不曾跟男人或女人做過愛，因此你無法確定，你是喜歡男人或女人？對我來說，我是盡量不以定型化的男女二分法，來想像你正在告訴我的事情。我要

區分你的未來是男或女，這是有意義、有需要的想法嗎？或者只是我的偏見，在我面對你目前的困局時，以為區分出你喜歡的對象是男或是女，可能對你有幫助？有什麼幫助呢？因為你雖然說了，「不知喜歡男人或女人」，但似乎那並不是你最在意的問題。

　　從和他人的互動來說，你真正的問題是，你很少和其他人來往，不論男女，有來有往的經驗幾乎沒有。你說，你不急著和別人有所來往，你需要集中所有心力，賺足夠的手術費用。我是懷疑這種態度，不過我沒有挑戰你。畢竟，你說得如此有力，而且你這麼做如此久了。如果我要挑戰，是為什麼呢？

　　我猜想，這種絕然二分的方式，可能是我的焦慮，以為這樣子至少比較有事可談吧？也好像我是有了解你的喔！回頭來看，我覺得你的內心世界茫茫然，但你卻是意志堅定，只要達成一個目標！也許這是另一種茫茫然？不過，還是可以從前輩的話裡，得到一些靈感，讓自己慢下來思考。

　　「既然我只能在我的世界裡通行，你們必須要放棄你們的世界才能和我在一起，這是難以想像的。因此，我們對於他人的了解非常有限，我們既然不了解他人的價值觀，便只能根據自己的價值觀來看待他。

　　那麼，精神分析師如何進入病人的現實呢？既然我們唯一要求病人做的事是說話，那就意味著這個現實存

在於他的言語中。」（《從言語誕生的現實：精神分析實作三景》，頁54，）

　　診療室外，故事和事情所代表的是「外在現實」，你對於男人或女人的認同是「心理真實」，但仍得試著，在說話裡的現實上，進一步思索和想像。但什麼是「現實存在於言語中」的意思呢？這句話是有些抽象。如果從你的困局來看，意味著，你只要自由地說自己，就能夠提供訊息讓我處理。這句話是被我引進來，讓我能夠緩下來的提醒，並不是這句話述說了你的情況，讓我可以依這句話來了解你。

　　對我來說，前輩的話是重要的指引，讓我知道，要顧及現實。在這專業裡的工作，「沈默」也是接近這句抽象的話，需要在實作裡逐步去體現，也就是讓工作內容的現實，不再只是你描述的外在世界和過去史裡的現實。如何在你說話的過程和內容裡，尋找和想像其中的現實，是我需要注意的。也許你會納悶，這到底有什麼差別？

　　對你差別不大，甚至你可能覺得，你唯一的現實是，曾經發生過的事，以及那被你當作是多餘的命根子。我如果想要讓你有機會有更多的想法，能夠更自由地想著自己的問題，那麼我就需要前述的這些指引，讓我不再只被你說的現實所淹沒，而是另有其它想像的「現實」。但這是什麼呢？什麼才是言語裡的現實，而不是診療室

外的現實呢？

　　你說，你就是想要去除多餘的命根子。無論現實和法令，你一定要完成這件事。但是這件事是，你得走進外科醫師的診間，而不是來我這裡啊？你來了，也告訴我，你不知自己喜歡男人或女人？這跟你一心一意要做手術，也許不必然有直接關係，但硬要說沒關係，也是有些勉強。這是我可以工作的內容，我想你是多少知道，或有些想像，我們可以一起工作。但不必然就能清楚你的問題是什麼？

　　這不是理論的問題，而是人性的複雜。你來找我，真正心意是什麼呢？其實，找是指「言外之意」。是否需要探索和猜測「言外之意」，是有不同的說法。不過你來找我，你是知道，我是以這種方式來看待世間事。

　　你說的故事裡，你想要拿掉多餘的命根子，你一直往這條路上走。除此之外，何以你要來找我？談著這件已經如此明晰的事呢？是不是還有其它莫名的緣由，需要來想想？這些莫名，到底有沒有名字？

　　你一度說，你不知道為什麼就是覺得，離要達成目標的日子愈來愈近，卻反而需要找個人談談。

　　你說，你真的不知道，為什麼需要找人談？畢竟，你一個人處理所有的事，已經那麼久了。

風雨狡猾
沿著人心斜躺的冠狀動脈
從最偏僻的眼皮滲透進來
敲打苦澀兩次的夢

10

命根子沒問過你
「是否可以自己長大？」

你說，從小，你是自己長大的。

我是聽過很多人，告訴我這句話。但不是讓我覺得，自己長大的人很獨立，值得鼓勵；反而常是意味著，這個人很難接受別人的協助，儘管他有被協助的期待。畢竟當一個人宣稱，是自己長大而且活到現在了，多少是在表達，就算目前有困難，也不要忽視他有能力，可以依自己的方向來解決問題。

依「精神分析取向」來說，不就是期待個案最後能夠依自己的想法，決定如何詮釋自己的過去嗎？那麼，我何以對你這句話，有如此負面的想法呢？

我只能說，這是之前的經驗。意味著你雖然期待我可以幫你一些忙，但你卻更習慣完全依照自己的方式過活。我是需要不陷在自己的經驗裡，開始去想像，你這麼說，是否另有其它緣由？我不能盲目於我先前的經驗，

雖然我一直在這樣的想法裡，相互來往穿梭。

你說，你不可能告訴任何人你的想法。尤其是，你一開始對於要拿掉那一根的想法，也是很恐怖的感覺。「儘管這想法相當明確！」你說，你甚至在還不知是怎麼回事前，就做了這種決定。

我有個不同的想法：你好像是在告訴我，你的命根子也是自己長大的，它沒有問過你，是否你要它附著在那裡？它也沒有問過你，是否它可以長大？但是它就這樣子，自己長大。它自己長大，帶給你的是，不斷的驚嚇！

但是只有驚嚇嗎？依我對生殖器的概念來想像，除了驚嚇外，應該還有其它感受吧？或者你所謂的「驚嚇」是指什麼內容呢？

如果你介意的是，命根子不斷地自己長大，最後會遭遇的難題是，命根子可能隨著你的欲望而膨脹，這是另一種反反覆覆的長大。但那是它自己長大，或是因你的欲望而長大呢？這讓「長大」的命題，變得有些複雜了。

好吧，就算是我引用資深同行的話，來替自己壯大聲勢吧！「精神分析師和土地丈量員一樣，都只能處理自己知覺到的事物。但是土地丈量員要處理的是一個外在的對象（土地），分析師卻必須憑自己的聆聽來創造他所要掌握的對象，他重視的不是字眼本身的意義，而

是他推測出的、這些字眼所要瞄準的目標。因此，分析的動態只能靠一種主觀的推衍來掌握，每個分析師以他當時的靈感來『發明』起作用的無意識程序。」（《從言語誕生的現實：精神分析實作三景》，頁99）

就算找引用這段短文，也不是說，「事情就是這樣子，我已經清楚你的情況了。」我不會輕易就滿足的。如果只是我滿足於某些想法，但你依然困惑，「爲什麼是你，被誤植了那一根呢？」當這個疑惑還在你心中時，就意味著有很多的說法和想像，還沒有被想到。就算是我想到了其它可能性，你是否能夠接受，也是另一件事了。不過，如果能有不一樣的想法，就很有意義了。

從這句引言來推想一個比擬。如果你的確像個土地丈量員那般，精心計算自己的收入和手術的期程，我猜測，你會來找我談話，除了你說的內容外，還有莫名的感受浮現，尤其在愈接近你預期的手術日子時。不過你的到來，我另有猜測。你是個土地丈量員，你負責替自己的生命歷程計算的是表面的內容，至於這些土地要做什麼用途，是要蓋大樓商場、種植稻米或咖啡豆，都不是在你的工作範圍內曾經計畫的。

你說，你每一張表格都記錄著你目前有多少存款，也有加註，你目前知道的手術費。你甚至需要附上，去泰國的機票、住宿和生活費，安排你去手術的仲介費和手術費等。你也想過，是否需要有個朋友陪你去？費用

可以依自己努力賺的錢而定。但是，是否要找朋友陪同的事，你就覺得很困難了。

這就是我想說的，關於你怎麼計算和丈量生命土地要做什麼用途？也許你那莫名的不安裡，有部分是來自於，手術之後呢？這是你以前很少思量的，畢竟做生命的土地丈量員的工作，就佔滿你的時間了。

到了現在，就算我說出了前述這種局面，會是有意義的對話嗎？我相信，更讓你困惑的是，我只是要從你說的故事裡，發現你不曾自覺的因子，那因子才是影響著你，讓你莫名不安的「莫名」。我可以逐漸找到名稱。尤其當你說，「從小你是自己長大的」這句話時，我還能發現什麼嗎？

我需要再觀察和想像，除非我窮盡了探索，不然，我沒有權力說：「我不知道」，這並不是我一定知道，也不是要用這個態度來為難自己。有時我會覺得有些疲累，好像前頭的路被封鎖了，但鑰匙只在你那裡。我只能在你的故事的「話外之意」裡，尋找那把變形且多樣的鑰匙，開啟你說的，「從小你是自己長大的」，這句話裡隱含多少其它的故事和情感？

尤其是情感。因為你說這句話時，是帶有冷酷的口氣！好像你剛剛和上天的雲，撕殺了一番後，才讓你蹦出來這句話。

三斤苦澀的風
拖著沈重的腳步
吹過鳳蝶嘴角有花漂泊
等待蒼鷹和麻雀午後交談
吹來五斤的落寞
交換夢想

11

在命根子上計算欲望的
生物學尺寸

你說，你不會責怪父母。我是不確定，這是容易的事嗎？畢竟發生了多出命根子的事，一點也不是你的錯。但是如果任何人都沒有錯，怎麼會出現這種景象呢？你不曾說過，祖宗上輩子是否做了什麼壞事？你最後是怪罪上天。我相信，這是你多年來慢慢形成的想法，我很好奇，這個過程裡想法的變化，也就是你覺得到底是怎麼回事？怎麼你會發生這種事？

當你怪罪上天時，也許是最好的說法。一來，不會是社會上覺得太怪的說法；二來，不是怪罪到任何人，讓你陷在人情世故的困境裡。我假設這不是容易的事，尤其是你說，不會責怪父母時，你說得很淡定，不帶情緒了。說真的，我是還處在難以相信的狀態，不過難以相信，並不等於不相信或質疑，而是一種疑惑，也就是當你還有想要怪罪的對象時，你會如何選擇怪罪的對象？

就像人在發展過程，對於愛欲客體對象的選擇，都是個
有趣的課題。

你說過，你的愛欲對象，不確定是男或女，依目前
的醫學，會把這個問題歸因於生物基因的課題。至於你
說的，你對於自己的問題要怪罪誰？一般還是會認為該
歸因於你的生理變化吧！但另一個更大的難題是，你不
喜歡自己有命根子，想要動手術拿掉，這個現象一般被
叫做「變性手術」。也就是被假設，拿掉陽具後，是要
再造女性陰道，變成生理上的女性。

可能比這複雜些的是，拿掉命根子後，就會想要變
成女人嗎？我指的是，心理上的女人。

你仍然說得模糊，也許是不確定如何定位自己的性
別？你無法只以男或女來界定自己。或者你是對於會發
生這種現象感到震驚，而且一直處在餘悸猶存的狀態。
因此你雖然在身體器官的處理方向上是明確的，但是接
近手術的預定時程時，你反而主動來尋求心理學式的協
助。雖然你說，是莫名不安而來，但也許是這種震驚突
然明顯化吧？

至於歸因的問題，就涉及了科學的命題了。我先引
用如下的說法，「在十九世紀末的社會背景下，我們可
以了解分析師需要蓋上『科學』的『正字標記』才能肆
無忌憚地暢談幼兒性特質理論。但是在今天，為什麼還
有分析師需要證明他們所用的是科學方法？他們是不是

怕別人懷疑他們的實作，所以要預先反駁？如果精神分析實作真的可疑，卻照樣維持了一百多年，這個問題早就無關痛癢了，為什麼還要為它煩惱呢？」（《從言語誕生的現實：精神分析實作三景》，頁96）

這並不是我刻意要做得不科學，或者要做故意違反科學的事情，而是值得再細思一些課題，尤其是關於個案問題和症狀的成因或病因學的問題。

即使是常識，某些說法也可能帶來困擾。例如，小時候的經驗會影響長大後的心理和行為。大家大概很難反對這種說法，因為這似乎是種「統稱」，也符合日常生活和診療室裡的臨床經驗。以精神分析來說，「原初場景」或「伊底帕斯情結」的概念也是常識，但卻面臨一個問題：往往讓個案的精神症狀被解讀成，就是這麼起源的。這兩個概念都涉及了父母，如果再推論就會變成，是你父母造成了你的問題，因而衍生出後來的某種症狀。

進一步推論，可能會使父母覺得被責備，或者因此很自責。當然也可能明顯跟父母無關，但是他們卻依然對號入座，因而充滿罪惡感。

就嚴謹的科學推論來說，這些說法都忽略了人生過程複雜的影響因子，以為找到幾個明顯因子，就可以解釋所有心理問題或精神症狀。這是犯了嚴重的、簡化的毛病，直接以線性推出前因後果的結論。偏偏在面對難

以處理的精神疾病或問題時，很容易這麼簡化的因果推論，這在歷史上不時發生，甚至到現在都還存在著這種思考模式。

佛洛伊德在晚年的文章〈有止盡和無止盡的分析〉（Analysis Terminable and Interminable, 1937）裡就明白說，他的所有理論都是後設心理學，都是猜測的。但是人和人之間如果沒有猜測，卻是寸步難行，因為不可能先研究一位陌生人，花了七、八年，寫了一本和那位陌生人有關的博士論文後，才決定是否和對方握手啊！

這種問題也出現在精神醫學的基因學，基因是來自父母，比心理學是否來自父母還明確，那麼，小孩的精神疾病是否和父母有關呢？這是責備父母，污名化父母嗎？或者是來自不可預測，難以猜測的突變呢？

生物學取向的歸因，是否是對父母的更大恨意呢？這是相對於，被認為是源自於小時候的心理發展或教育因素。只是被指出可能有關的對象時，他們會馬上覺得被責怪吧？因為他們是問題的起源者。但這些都是簡化式的論調，除非可以確定是基因的突變。這個至今仍所知有限的機制意味著，在找到真正的了解前，都是起源於數學機率，或者是上天？而你是說，看著天空的雲，覺得是上天跟你開玩笑。

那麼我和你工作時，如果想要替你找出「何以變成目前這樣子」的心理學影響因子時，我就需要從已有的

訊息，去推論猜測而建構出某些新的因子。至於影響因子是否等於致病因子？從深度心理學的觀點來說，對於生命早年歷史的建構，是否可說為致病因子或影響因子呢？這涉及的是，你將會責怪誰？誰是你的問題的肇事者？這也冒著風險，決定你將問題推給誰？但對方是真正問題的承擔者嗎？

唉，說這些有些嚴肅，不過也正反映著，對於你責怪上天的想法，我是在事後，直到今天才談我的想法吧。雖然這些想法仍在我的腦海裡打轉，還沒必要，在你想著上天時，硬要逼你想想其它可能性。這是我的決定，因此我需要再為這個決定而等待。我問自己，等待什麼呢？

畢竟也要讓不確定和侷限，有它們的深度啊！還有你說過的，有寄託的地方。

無知的幸福有三分茫然
把情个目禁重新灌進嘴唇
練習說話
往不信邪的東方走？
偏黃的葉不甘心
堅持留在樹上等明天的陽光

12

「自由」
是翅膀或腳踏在地上？

　　關於等待，你是很有經驗的。

　　你說，有次在夢裡，你是穿著洋裝出現。你知道，那是你，雖然夢醒後，你覺得是模糊的，不確定那人是誰。但是你又覺得，那一定是你，只是那是一個夢，你可以不必那麼介意，夢中人是不是你自己。由於那個人是穿著洋裝，使你覺得害怕。你說，因為你不想跟母親一樣。

　　你覺得，母親的一生是失敗的。你說，你很早就知道了，我問你那是多早的時候？你略帶不耐煩的說，就是很小的時候啊！然後你就不再回答我的問題。這是笨問題嗎？或者你是想要把我堵在這個時間的門口，不讓我往裡頭走。是因為這個時間問題有其它的故事嗎？

　　這是我的猜測，我的好奇，原以為只是平平淡淡的好奇，卻遭遇你強烈抵抗。接下來是我的等待了，為什

麼我需要等待呢？關於時間的問題，是我在等待你說出，你最恨的對象是誰嗎？是誰讓你落得今天的下場？如果我把問題指向某個時間點，是不是就擺明著，是指向那時候的父母親呢？

我是想要暗示你什麼嗎？暗示，是我的份內工作嗎？或者明著來的說法，是你從小由父母養大、帶大，你的問題自然跟他們有關。雖然你宣稱怪罪上天，你認為我只是想藉由時間的問題，來暗渡這個關於父母的主張。這也是有些奇怪，並不是你的反應奇怪，而是我被你的反彈震醒什麼了。

我的主張，原本暗暗地存在，但你如果無法認清或接受，並且意識化你真正責怪的對象，而把一切都指向上天時，這種誤認，就好像你覺得命根子是被誤植在你身上一樣。你的誤認，會讓你只是想要割掉什麼。我一直猶豫著，如果你只是這麼想，真的能夠解決你內心深處的問題嗎？

內心深處的問題，是指什麼呢？我真的知道嗎？在我好好問自己之前，我好像以為自己知道呢！而且相信，如果你能夠把對父母的情緒，有所確認和表達，那麼你莫名的不安，就找到對象了，就不再只是沒有名稱的不安了。但，是誰給我權利，要這麼主張呢？你的反彈，是不想讓我有這種權利嗎？或者你的反彈，是要告訴我，這裡就是問題的所在，只是我說得太早了；你在告訴我，

不要硬闖，不要硬闖喔⋯⋯如果時候還未到的話。

　　你說，你不要以爲我不知道你的想法。你是要我說，「你的問題是來自於你的父母，因爲你是他們生下來的。」但是你的問題不是我說的那樣，你的說法的確是拆掉我原本暗暗搭起來的橋。不過，也好，當你這麼回應，是把我驚醒了，「我們也不能將療效和分析的效果混爲一談，療效指病人不再抱怨，分析的效果指病人『獲得自由』，尤其是言語表達的自由。效果的評估的難處還不僅於此，我們應該提出的疑問是：由誰來評估？在何時評估？應該由病人、分析師或第三者進行評估？應該在當下還是過一段時間才進行評估？要等多久？」（《從言語誕生的現實：精神分析實作三景》，頁92）

　　我先是不自覺地想要暗暗地，讓你知道你情緒的對象，這是假設，如果你抱怨的對象是「對的」，你就不會再怨天了。當你抱怨了「對的」客體後，你就不會再有其他的抱怨了，這是一個很普通的方法，一點也不高深。我是想要你往這個方向走，但或許也是我不想讓你將抱怨往我身上推吧？

　　如果這些想法有道理，那麼我的確面臨了一個難題。如引文裡所說的，你需要的是「自由表達自己的想法」，但我想要你走向的是「你要抱怨的客體」，要你面對真正的問題來源者才會有出路。這兩種想法是有衝突的。

　　你說，你不想要聽你母親對你說，你只要出去好好

交個女朋友，一切就好了。你覺得，母親是無知的，你的問題怎麼可能這樣子解決呢？何況她根本不知你真正的問題是什麼。

好了，問題再度浮現了，你這麼說，是有在做我原本暗暗要你做的，你的情緒對象要找到對的人，但是你的抱怨並不是怪罪母親，讓你有根多餘的命根子。而是指向別的事情，那麼這是「抱怨」指向對的人，卻是為了不同的問題。這是我原先預想的，減少你的抱怨，作為化解你不安的方式嗎？

說到這裡，我必須澄清，我平時可不是這麼急切地，想要別人依我的見解來做出改變。只是那種很原始的期待，暗暗地，期待讓你能夠達成某個治療目標後，你的困境就會減少，如此我就算是幫上你了。雖然你更在意，你想要割掉命根子的問題。

如果你需要的是「自由」......自由地看待自己的問題。即使我有足夠的理由，希望你多想想，是不是靠著手術，就能解決你心中的莫名感受？我真的能夠這麼確定嗎？相對於引文裡所提出的幾個疑問，對我來說，那就是對我的提醒吧！我需要先緩下來，不是硬要把你塞進，我自設的問題。何況我自己又擔任著，要評估你，是不是有往我「暗暗預設的方向」前去的角色。

五個細胞在角落
偷偷臉紅
爲了不知名的的風
吹過心坎裡一朵莫名的不安
五個等於很多個
因此不再是偷偷的
五個等於所有的
嘲笑自己
等於對所有人微笑

13

長串的話裡
噴射出白色的恨意

你是有你的方向。你突然說了很長的一串話，你很少一次說這麼長串的話，好像是你的命根子，突然長人硬挺起來。

你說，偏偏是你覺得，那根自己長大的命根子，是你的負擔。但是在你莫名不安，緊張時，你卻暗暗找它，摸它，不管它是否願意。你帶著恨，凌虐它，讓它不斷的膨脹。有時，你故意放棄它，讓它下垂喪氣一小陣子。你又馬上帶著不捨的心情，開始輕摸它，但是當它開始膨脹時，你就覺得它太囂張了，你就想要再度凌虐它，大力的擦它，把它當成是鉛筆頂端的橡皮擦。你只要帶著恨意擦它，它就會愈來愈小，甚至後來就不見了，消失在你眼前。它本來就不該在那裡，它本來就不該在那裡，你重複提醒它。就在這種叮嚀提醒的過程，它噴射出一些東西。

　　我是被你的長串話語給淹沒了。我仍試圖，想要從你的描述裡，想像你要對我說的是什麼？你的恨意裡，卻又充滿了「性」的快意。只是你幾乎將你自己，從命根子獲得的快意中，抹煞掉了。好像你那根，並沒有帶給你任何好處。不過，是不是好處，也不能是我說了算，我只能說，你的確從你的命根子，得到了愉快。

　　你卻想要把那些愉快，抹掉，這樣子，才能持續地維護著，你想要把它拿掉的心意。這是怎麼回事呢？

　　何況怎麼可能......你磨擦著命根子時，會愈磨愈小呢？這是什麼樣的錯覺呢？或者並不是錯覺，你是明明白白地知道，你那根是愈來愈大。我疑惑著：你希望它愈來愈小，甚至逐漸消失不見的期待，和自然地感到快感的欲望，兩者相較之下，「期待」能掩蓋得過「欲望」嗎？我是感到懷疑。

　　不過，我沒有理由硬要你接受我的想法，畢竟你是希望，這個「期待」能夠勝過「欲望」，因此你想要去除命根子。或許有些部分是要切割掉，和命根子相關的欲望。這只是我的推論，可能跟你覺得命根子是多餘的，但是你仍想要保有你的欲望，有相關聯。

　　你說，噴出來東西，是命根子的恨意，或是你在吐口水。直到你確定它吐了口水，你才放鬆下來，覺得它終於讓你凌虐足夠了。你的意思是，那是充滿恨意的舉動，但是當恨意和快感聯結在一起時，帶來的是矛盾的

感受吧？至少我是這麼想，不過仍得回到你的自身經驗，來觀察和想像，初步來說，你這段話語是讓我開了眼界。我假設，你對於自己的命根子的心情是在這段話裡了。

這段談話裡，你是針對你的快感和恨意，至於你對於性別的認同，也就是，你認為自己是男或女，訊息仍是模糊的。這也是我感到納悶的地方，這衝擊著我的想像。到底你想要割除命根子的想法是源於什麼呢？只是要割掉它就好了，或者是還有更多的想像，在這個舉動裡？

現在看來，不只是這個舉動的意義了，而是在這個準備過程裡，你所投注或者忽略的是什麼？這個過程所投注和忽略的內容，是否才是真正的問題？

「然而，沈默並不僅僅是無言而已，它可以是一種挑釁的方式或重聽的結果。反之，當我決定介入時，我能否更清楚地從我的話中找到我瞄準的目標？我能知道自己到底要出手管什麼事嗎？即使在理論中尋找，也不一定能找到答案。當我開口而且覺得我介入的理由完全符合理論時，有可能只是我喜歡說話時的自己，而且我很欣賞自己說的話。」（《從言語誕生的現實：精神分析實作三景》，頁91）

我的意思是，你有一個最原始的說詞，作為你的想法的理由。我是需要從我的角度來觀察和思索，雖然最後的決定者是你，而不是我幫你決定，什麼是你想要行

動的最原始理由。但是我需要假設，在你目前一層接一層，緊緊相扣的說法裡，可能是有不自由的成份；以你所說的莫名不安而來找我談話，我是需要有自己的某些主張，讓你能夠更自由。

這個過程除了等你談論自己的最原始想法外，我也需要如前所述的，從你忽略的地方著手觀察和猜測。這是一個看來容易，卻是複雜的過程。該以什麼來做對比，而顯示哪裡被忽略了呢？

你說，你真的不知道，自己是怎麼回事？怎麼會在接近手術的時刻，在你累積的錢快要可以讓你接受手術了，卻停頓了下來，沒有進一步的動作，去跟外科醫師聯繫，讓你實現自己從小至今的盼望。那盼望愈來愈明顯時，卻讓你更不安，甚至覺有些哀傷。這讓你很難受，你怎麼會哀傷呢？這是奇怪的感覺，似乎是要來阻擋你的某些舉動。

我想說，也許是你對命根子帶給你的快意，難以割捨吧？就算是快意，也帶有恨意，但是割捨快意，可不是容易的事啊！我又猶豫了，因為我也想著，是否恨意才是最大的快意？但這是什麼呢？在我告訴你前述這個簡單的說法前，我需要先再想一下，這個複雜的想法浮現出來，是什麼意思呢？

寧靜是這個世界上
最忙碌的異議份子
始終等待著遠方飄來的一個字
有人說
那是需要被提醒的心聲
不要隨便擠到嘴巴裡
來心跳

14

替莫名的「不安」找到名稱
需要認識自己多深呢？

關於命運的課題。

因為你說，你怪的是上天讓你這樣子，將別人的命根子誤植在你身上。當然啊，你的說法是說明問題的某種方式，但是你對自己的災難的歸因，幾乎完全和父母脫勾，讓我很納悶。我並不是硬要把你的受苦，就簡化地歸因在父母身上，或者不只是歸因，而是如果父母是你問題的起因，那麼父母就會成為你受苦歸罪的對象，因此歸因就會跟歸罪連在一起了。

你說，你有天想到，你對我說了這些話，都是這輩子第一次跟別人透露的話。每次離開這裡後，都會疑問自己，何以要說這些呢？我根本幫不上你的忙。

你只是覺得，我幫不上你的忙而已嗎？或者你是說，你對我說話時，有一些奇怪的感受浮現，而那些感受是第一次在這裡出現。但那是你原本就有的感受，因此才

會對我說，「這是第一次說出來」，因為你覺得你說的，是以前就存在的想法和感受。這種經驗讓你感受到的是，我沒有用，幫不上你的忙！我不清楚，到底你是否完全知道，你對我的這種感覺，只是針對你要割掉命根子的事，或者可能是另有其它的事情，使你這麼感覺？

「這一點使我想到，在分析當中說出的一切回憶也都是以敘述的形式浮現出來的，因此，這些回憶和夢一樣，具有在此時此刻的意義。無論提起什麼回憶，甚至是非常久遠的陳年回憶，都是為了傳達當下的某一件事。……我們在與某人相處時遵循傳統禮儀的行為，是在兩個人當下的關係中才產生意義。同樣的道理，在分析當中說出的一切言語，也是在分析師和病人兩者當下的關係中才產生了意義。」（《從言語誕生的現實：精神分析實作三景》，頁60-61）

這是有趣且重要的說法。這句話的意義，並不容易被一般人了解，不過我覺得值得談談。你說我幫不上你的忙時，我那時浮現的想法是，好像我必須做些什麼，才是有出力的感覺。我想到的是，如果我採取一個特定的方向，讓你可以馬上有被幫上忙的感覺……然而這個想法的背後，卻浮現著，「是否你覺得最沒有幫上你忙的，是你的父母呢？」。我很快察覺，如果我這麼做，好像有個明確的方向，但其實只把你剛剛對我的感受，又往外推了。

　　你說，你在回家的路上，總是想著，對我說你的事，到底有什麼意義？你覺得自己的人生目標，很清楚，你不曾徬徨過。

　　也許你的不曾徬徨，讓我想到，如果我也是一路直往，以你和父母之間的互動爲方向的話，這也是一般常見的，不需要徬徨的工作方向。但是在這種情境下，我卻覺得我需要再仔細觀察和想像，你對我說這些故事和想法，是否還有其它的意涵？這才是能夠推論你的莫名感受的方式吧？但是我先把原先的某些想法，再多說一些，雖然這些想法無法直接派上用場，但跟你做這些討論，卻是我思考的重要背景想法。

　　關於你父母對你的影響，我的想法是，有「通論」和「個論」的說法。「通論」易被接受，而「個論」，如基因論和情結論，各個命運是不同的。「通論」，不論在心理學或體質論上，都是所向無敵，因爲小時候的經驗，會影響成人後的問題或症狀，這種說法很容易被接受。但是如果針對你個人，直接說，你的父母是影響你或者是造成你問題的成因，這就是很大膽的說法了。有些個案是會一直抱怨父母，但是由我來說，就有指向特定對象的問題，這會造成罪惡感和攻擊的命運。這是我假設，你會把自己受苦來源，指向上天的緣由吧？

　　不管「通論」或「個論」，兩者都有它的道理，卻是命運不同，因此立論的存在，不只是有道理就解決了

難題。現象上就是在這兩者之間掙扎，尤其是人性方面，例如罪惡感及恨意攻擊的對象。只是這些都還是我的主張或假設，對你來說，你仍是未定的說詞。我還不知你會如何想像這些可能性，或者仍然堅持原來的土張？雖然我也是有疑問，要解決你的受苦？或者替你的莫名不安找到名稱？

知道這些，很重要嗎？

缺角的葉脈
蟲咬過的傷口
還有值得玩味的青春國度
在前額的皺紋裡
心跳

15

「口誤」如命根子的裂口
噴出意料外的愉快

你說，你還無法確定，是否要當個女人？你已經服用女性荷爾蒙好幾年了，但是近來愈來愈不確定，是否要當女人？雖然你沒有改變心意：一定要去除命根子！那是你多年的期盼。你想要把這根多餘的命根子，留在母親那裡。你馬上校止你說的話，你說，不是留在母親那裡，是留在……你突然說不下去了，顯有些困窘的模樣。

過了一會兒你才說，你是希望那根命根子，留在上天，但是怎麼做才是留給上天呢？你困擾於這個疑問，你覺得不能隨便丟掉命根子，一定要送它回到原來的地方。

不過，你困窘地修改你的說詞時，卻反令我印象深刻。你說，你的命根子想要放在母親那裡，這是什麼意思呢？這個困惑，反而因為你修改說詞，印象變得更鮮

明。你先前說過，你不曾怪罪你的父母，而是怪罪上天。此時，你的說詞在修改後，反而製造了一個缺口，讓我一直想往缺口裡看。

「那麼，言語究竟是透過何種機制逃過我們的戒備，而發出『一鳴驚人』的口誤呢？

是什麼讓我說出我不想說的話？

這個問題並不容易回答，即使我換個方式來問：是什麼秘密的渴望衝破我嚴密的堤防而導致泛濫？我們未曾意識到的渴望又意味著什麼？」（《從言語誕生的現實：精神分析實作三景》，頁57）

是啊，這是怎麼回事？我原本就好奇，何以你重複說過幾次，「你只怪上天，不怪父母」。但是你這次口誤，所呈現的卻是另一面。你說，手術後的命根子，要放在母親那裡，這是什麼意思呢？也許你會覺得，我這麼想，是沒必要的想像，只不過是一個口誤，只是一種巧合，沒必要深究。不過我的好奇，不是只因佛洛伊德曾經說過，「口誤是有潛意識存在的現象」！這只是理論說詞。

我是親眼所見，你的困窘表情，當你修改說詞的同時，所出現的困窘，那是無法被我忽略的現象。這也流露了你的情感反應，雖然你很快地修改，來抹掉那種困窘。這種想要抹掉什麼的反應，讓我記起了，你曾描繪你刺激命根子，得到興奮的同時，卻是想要將命根子，

像鉛筆頂端的橡皮擦那般，磨掉的反應。

這些反應直接地刺激我，往你打開的缺口，探視你說不想當母親那樣的女人，你覺得母親太軟弱了，你不希望女人是那種樣子。不過，你再度修正，你說，其實你只是覺得母親太軟弱了，但你對於女人是什麼樣子，並沒有特別意見。你再補充，女人本來就是百百種，人也是一款米養百種人。這是你今天再次修正，你原來的說法，可能是有什麼東西把你敲散了，一些些散了，有了裂口，會讓說出你不認同的話，就像命根子的前端裂口，噴出了你意料中，卻也希望是意料外的愉快。

這種不認同的話，是你說出來後才察覺的。我不會見獵心喜，急著要往缺口裡深探，我相信，那只會被你的困窘給擋回來吧！你當時的困窘表情裡，已經部分承認，同時部分否決了你的心事。我並沒有因為你說「那沒什麼」，而抹掉我的好奇，如果這樣子，我的好奇就變成，你鉛筆預端的橡皮擦，被你擦掉了。

我也不想讓我的好奇，變成命根子。我只想要深探，你流露出來的故事的缺口。

你說，你真的不確定，「自己是否要當個女人」？對於男男女女的比喻和想像，在生活情境裡，是比我們的認知更複雜。我是女性身體，也認為自己是女人，但是當我在和你談話的脈絡裡，我的好奇心如果不節制，卻可能變成是命根子般，要硬闖你的世界。只因為我的

確是很好奇，到底你想要做什麼樣的人？

只不過，當女人或男人，有那麼重要嗎？我竟然跟著你，疑惑了起來。

包圍被放逐的肚臍
必須沈著應對
擠在迷霧中的三言兩語
嘴角辛酸有寫實主義線條
至於說另一章故事的舌頭
伸出嘴巴
還在品嘗人情酸鹹度

16

那些精子
自始就沒有得到愛

　　你說，你的命根子裡充滿了精子，你甚至曾用顯微鏡看過自己的精子。當你看見它們游來游去時，你覺得它們好盲目啊，只是在那裡亂動亂跑。你對於要說，「那是我的精子」，你覺得很奇怪。雖然那些無辜的精子，的確是你的身體產生的，但是你卻對它抱持著複雜的心情。

　　當你說到無辜的精子時，我想到的是，「你是無辜的」，你覺得自己被誤植了一根，你不要的東西。這個誤植卻成為你難以忽略，甚至是你這輩子生活的重心，雖然這個重心是以相反的型式出現，以你不想要的型式存在。沒辦法否認的，卻是你生活的重心，你只是一心一意要去掉它。

　　說真的，我是帶著強烈的悲觀心情，這是我自己的感受，沒必要讓你知道，而成為你的負擔。我悲觀的是，

當你將一生的心力，都花在想去除你的命根子上，那麼你的其它生活，是被你拋棄的人生。這些被你拋棄的人生，只是空白嗎？或者這些空白的人生，只是等在某個地方，要趁著某個時候，回頭來咬你一口？尤其是在你進行手術後的時間裡。不過這只是我的擔心，何況這也不是，我現在以提醒方式說出來，就會有用的。畢竟以前的日子就是如此了，這種「知道」有何用處？還要再思考一下。只是我覺得你目前的莫名不安，如果我再告訴你這個想法，只是讓那種莫名更增加莫名，而不是增添了解的風味。也許我是猜錯的，不過這不急，可以再等等看。

你說，如果你是那精子，你一定覺得自己一直在排斥它們。那些精子，自始就沒有得到你的愛，但是你又懷疑，如果自己有卵子，你會歡迎別人的精子嗎？

那些被你拋棄的空白人生，是否就像那些精子，在內心深處的某些地方，亂跑亂逛？作為被你拋棄的人生和精子，也只能這樣遊手好閒。但是我想像的不只是如此，而是被拋棄的人生空白，會如何跑回來報復你？因為你曾經如此殘忍，忽略它，讓它一直沒有歸屬感。

對我來說，是這樣子，「在知覺的主宰下，我們認為我們知覺到的現實是一個外在的存在，我們所做的只是知覺這個存在而已。我們必須大費周章地時時提醒自己，其實是由於我們對於現實的知覺，才讓它成為我們

所看到的這個樣子。換句話說，我們是從自己在乎的觀點來看見現實。」（《從言語誕生的現實：精神分析實作三景》，頁53）因此我是更關切，被你拋棄的人生，那種空白會是什麼樣的命運呢？

你說，如果你同時有精子和卵子，都是你自己產生出來，你一定很高興，會讓它們在你身體內受精。你說了後，哈哈大笑，你說，這樣子，它們就是亂倫了啊！

我也差點大笑出聲，只是被克制住了。我不會說一定不能笑出來，只是我同時也聽到一些悲傷吧？笑聲裡的悲傷，總是很難以忍受的故事。我想，你曾經的口誤，將上天和母親同時一起說的事，不過，如果要將這些做連結，還是太聳動了。你這時候，對於自己的出生，想到精子來自父親，卵子來自母親，是有疑惑吧？是否如果不是這樣子，你就不會被上天或母親，誤植了命根子？真的，我這個想像，太跳躍了，雖然我並無意放棄這個想法，因為這是我自己生出來的寶貝呢！

當你這麼說時，又讓我再度陷進了某種憂傷。我相信自己的專業，不會被這種憂傷淹沒，但還是有這種感覺啊！因為你說，你知道你是不可能有自己生產出來的卵子，這已經是不可能的事了。雖然你也不確定，自己是否真的喜歡，有產生卵子的能力。但精子，即將被你拋棄。

只是卵子，卻不理會你，從一開始，它拋棄了你。

緊握方向盤的寂寞
支撐一盞小燈
時間已寄出
發霉的私人信箋裡
一列失眠的火車
即將駛過肩胛骨

17

需要多自戀
精卵才會想結合

　　我倒是有一個想法，一直念念不忘，關於我很喜歡
的一個主張，覺得「深度心理學」就是要有這樣的氣魄，
要堅持精子找卵子的心理學。精卵的心理，建構和生產
了後續的化學物質，鋪出一條可以走得通的路。既然要
談心理學，是否需要將心理學的論述，推到極致些。因
為一般的說法是，由於化學物質的存在，引導著精子去
找到卵子。我是相信這個科學現實。

　　你想要進行手術來改變自己，卻在這種時候出現了
某些縫隙；在愈來愈接近足夠存款，來進行命根子的移
除手術，加上陰道的再造手術的日子時。你對是否要做
個女人，有了疑惑，並以「莫名的不安」為名，來尋求
心理治療。

　　影響你這些不確定感的因子，好像不只是如以前所
努力的，就以移除命根子，身體式的生物學的處理而

已。你是來尋找心理治療，尤其你也早知，我是以「精神分析取向」作為思索心理治療過程的技術。我的工作，不再以認同你的手術作為唯一方向，雖然那是你多年的意志和心情，是你努力的方向。但是當你以「莫名的不安」來時，意味著是要尋找那些「不安」是什麼名稱？「不安」是貨真價實的心裡感受啊！

我就不客氣在腦海打轉這個想法，關於精子和卵子的心理學。是它們有心理學的意志，讓那些化學物質被分泌出來。我並不堅持這是唯一看事情的方式，而是試圖讓心理學，在生物學和生理學之外，仍然有想像的空間，這是一種象徵。精子和卵子，本身除了是生物的具體東西，可以讓下一代出現，除此之外，還有什麼可以想想嗎？

佛洛伊德主張，這種要傳承下去的動力，是人的「自戀」，不過這裡所說的「自戀」，並不是如現在被用來罵人的說詞，而是說明人性有這種機制存在，讓人在自然的動力下可以有後代，讓自己可以傳承下去。至於有人會想要操控下一代，讓自己的意志去主導下一代，這是另一個層次的問題，這也可能被描述為「自戀」。但是和最原始的動力，也就是讓精卵結合，使自己可以傳承下去的動力，是不同層次的說法，雖然都被用「自戀」來統稱。

「語言的活用包含了科爾濟伯斯基所排斥的『多

義』、『曖昧』等元素，佛洛伊德非但不討厭它們，反而還深入研究人們在說話時是如何運用這些元素。這些隱藏在話語之下的意義通常可藉著同音字、反響、影射等彰顯出來，佛洛伊德另外再加上濃縮、移置、逆轉等夢的工作的特殊機轉。這些因素擴展了言語表達的可能性，在精神分析聆聽的領土上，我們便是憑藉這些地圖上的元素來找到自己所在的位置。」（《從言語誕生的現實：精神分析實作三景》，頁69）

　　這些文字是我意圖要替精子和卵子，找到心理學動機的位置。也許有人覺得牽強，不過精子和卵子具有高度象徵，是代表男性和女性，而男性和女性，是種心理認同。這也是你想要手術，拿掉命根子的心理學緣由，至少對於你的莫名不安，如果要尋找名稱來形容，在本質上，也是得經歷這引文裡，關於語言的多義和曖昧這一關的考驗。所謂「考驗」，是指你如何接受，在這個探索的過程裡，找到名稱來形容自己的不安。是否那是你可以接受的名稱？可不可以說到心坎的感覺，才是真正重大考驗。

　　其實以精卵來比喻心理學，是有些接近你心理意志的堅決；讓你要除掉生物體的命根子，是你的心理學在影響你。不論這種心理學起因，是來自基因論或者家庭成長論，目前是心理學的工作，也許得再想的是，不只是你想要動手術去掉命根子這件事，而是你在這裡所出

現的心理學跡象。

　　也就是，你在這裡，有一塊你和我在工作過程裡，累積出來的領土，這片領土有你和我的工作默契。也可以說這是虛擬的，卻是很真實的空間領土，你和我就在這片領土裡工作。

　　例如，如果想像手術拿掉命根子，會對於人性裡的「自戀」成份有所衝擊嗎？這種衝擊對你會產生什麼樣的影響呢？自然無法只憑著你目前的情況來想像未來，而知道這個命題的未來真正答案。從你和我工作的心理空間裡，我試著了解這種可能的「自戀」是如何影響著你？「自戀」如何讓你難以真正地去感受：當那根命根子不見了之後，由精卵所代表的象徵和性別認同，會帶來什麼樣的種種困局？

　　那種困局，是一直留存在你我一起工作的領域裡。目前的難題是，如果要相信手術，就可以解決你多年來的困惑，那麼就不需要來找找了。你來找我，這個困惑就會呈現在，你和我的工作關係裡，對「精神分析取向」來說，這是需要且值得再持續處理的課題。

　　你說，你不曾期待我，給你想要的。

動情激素手牽手
走進人生月台
影子的深情書慢慢抽芽
等候孤寂透明的旅行

18

夢中的自己
離自己有多遠呢？

你說，你曾經有個夢，在夢裡有位女人，穿著薄紗
長衫，走在河邊小路上，你看著對方的背影，你知道那
是你。你只是看見自己走遠，愈來愈遠。你後來補充說，
其實你不確定，那是誰在夢裡，你是看著一位女人，在
你前方，而你覺得那是你。

我無法確定，你說的是夜間的夢，還是白天的白日
夢或想像，在理論上是可以區分兩者的差別。依佛洛伊
德的說法，我簡單的說：夜間的夢，是被扭曲過的嬰孩
欲望想要表現，並且因此而延長了睡眠；至於白日夢，
是帶有某種逃避現實的意味，而沈浸在白日夢裡，被當
作是負面表列的行為。

只是人類的特定行為，通常是多面俱在的，當然就
得回到診療室裡的過程，觀察比較，而不是先以理論來
做出結論。以理論的通論，來對個體進行判斷，可能會

失去了準度，或者變成要個案依著理論走。但人性上是
要做自己啊！

　　我剛剛是跳開一下，說明了一些想法。回到你的情
況來說，你說是「夢」，我就是以夢的角度來想像和推
論，你想要表達的感受和經驗。不過我還是得說明一些
想法作為參考，這些是我腦海和心思上的工作，不必然
需要告訴你，這些工作流程的細節。

　　例如，「考慮到夢的敘述的本質，由於敘述是夢唯
一的現實，而敘述是為了述說的對象而擬定的，所以我
們可能會認為夢是為了述說的對象而做的。我們不妨回
想一下佛洛伊德的一位女性個案所做的夢：佛洛伊德讓
她了解到，她之所以做這個未實現慾望的夢，其實是為
了滿足她證明佛洛伊德理論錯誤的慾望。佛洛伊德這麼
一說，就好像認為夢是針對敘述的標的而設計的一樣。」
（《從言語誕生的現實：精神分析實作三景》，頁59）

　　坦白說，乍看這種說法，會令一般人訝異，怎麼是
這樣子呢？我也無意說，這些想法就是唯一的準則，不
過，這是我的工作方式之一。也就是說，在概念上我是
接受，並依循引文裡的說法，在執行我的工作。依照一
般的想法，會想要從你的夢裡了解你的潛在動機，例如，
是否你在這個夢裡要表達的是，你曾提過，你對於自己
在手術後，要變成女性的矛盾？雖然你是早就預期，會
有陰道重整的手術，有了陰道，在生理上自然就是一位

女人了。

　　雖然還不確定，你來找我時，想要了解的莫名不安裡，那種沒有名稱來定位的不安，內容是否就是你對於要做個女人的不安？從你說出來的表面內容，也許可以部分解讀爲，你和自己的女人的身體是分開的，但你知道那是你自己，如果說你看著女人身體的自己，遠離自己而去，那是意味著你覺得，是女人的身體背棄了你？

　　不過這些想法和矛盾，是指什麼呢？是近來的矛盾，或者是生命早期就存在的呢？或許你在很早的當年，你說，看著雲，想著自己，怎麼多了一根自己不要的命根子時，就有了這種矛盾？這涉及一個理論的想法。如果夢是嬰孩早年的欲望，一直在尋求表達自己的動力，那麼在那個時候，你對於什麼是女人，什麼是男人，是以什麼樣貌來呈現呢？有個欲望，加上想要不斷表達出來的強烈動機，因此在夢中抓取目前用得上的素材，來拼湊出自己的早年欲望。

　　這種欲望常是很強烈、很原始，連自己也都會如佛洛伊德所觀察的，會有監督者把關，並以濃縮或取代的元素，來表達那些欲望，那麼就把夢的複雜和多元，推向了更難解的方向了。

　　因此回到引文裡的說法，如果是回到，你是在告訴我，你的想法和感受，你說的這個夢是針對我而來的，其中混雜著你的嬰孩期的欲望。那麼我就需要推想，你

要告訴我什麼，或者你把我當作是什麼客體對象呢？我
初步想的是，夢中的女人離你遠走，是否意味著你是在
抱怨我，一直是遠離你，我是疏遠你，而且在離你而去
的情境裡。雖然我覺得，我一直在場，就在你面前，而
且你談的是，在家裡所做的夢，而不是眼前的情境。

如果是這種可能性，何以你說，你看見的女人是你
呢？這意味著你看著我時，就像你在找你自己？或者你
覺得，我就是你？或者你希望，你可以像我這樣，但是
卻一直是挫折的？

進一步想，你的挫折是什麼？是表面所呈現的，你
希望當個女人，但是女人的要素早就離你而去，在你出
生時，就被決定了。你根本就無法是一個真正的女人，
但是什麼才是真正的女人呢？是像我這樣的女人？或者
你夢中穿著薄紗的女人？穿著薄紗，是為了如同嬰兒剛
出生那般，一眼就可以看見你的身體是女的，未來就是
個女人？不必經由你的努力，才能成為女人？

一個人要成為女人，在心理上，那些身體的器官是
必要的嗎？其實，和你一起工作以來，我對於身體器官
和男女心理認同，兩間之間有多少等同，是抱持著懷疑
的態度。至少這是你流露出來，讓我重新再調整自己的
觀念，只是我也不想一下子就贊同或者推翻這些想法。

不過這都是有薄紗般的曖昧感。這件薄紗，你說，
是你告訴我之前就會不自覺加上的，或許夢中也像是霧

裡的女人，但是當你想到要告訴我時，那霧卻變成了一件薄紗衣。如果夢中的女人，是如裸體的你，你覺得說出來會冒犯我？或者我就是你夢中穿著薄紗的女人？如果是要呈現確定的女人形體，如同嬰兒出生的裸體，何需再穿上薄紗？何以只是薄紗，而不是全身衣物，或以其它的意象，來表達那是女人呢？

　　可以想像的還很多啦！我只是呈現，夢在你說出來後的某些可能性。我甚至認為，有可能這些想像，都是遠離你的想法，你是還堅持著，自己的問題仍是莫名的，找不到理由來說明。

　　你還不想冒然說，那就是什麼？

八道哀傷急忙避難
閃身躲在三朵蒼白的薔薇
有歷史等待上色
花瓣發出陌生的憤慨
寫在影子的角落苦澀不平
推擠成深情的書半頁

19

命根子、陽具或陰莖
是相同的東西嗎？

你都是以命根子或那一根，來形容我們一般常說的，雞雞或者陽具、陰莖。

你說，只要你把那一根拿掉後，日子就會不同了。你這種說法，讓我很擔心或同情，因為我無法確定，世間事就只是這樣子嗎？只要解決了某事，然後所有其它事，都會自動改觀了？期待是如此，但現實上卻可能完全不同，甚至相反。在一般家庭裡，父母對孩子都有自己的期待，但下一代的結果，卻可能是無法想像的多樣性。

你說，命根子只是讓你這一輩子無法抬起頭來。你是被迫當作小偷，從某人那裡偷取了這根，你自己不想要的東西，你說是命根子。但對你來說，卻只是根東西，沒有生命的東西。一個如此重要，被叫做「命根子」的，你卻偶爾會把這個字眼，當作是無生命的東西，這的確

有些奇怪，不過，卻是很真實存在的感受。

　　如果「命根子」是沈重的負擔和施壓，那麼，解剖學式「生殖器」的稱呼，或者帶有社會文化意涵的「陰莖」或「陽具」，會比較不是那麼沈重嗎？尤其是當你一心一意，想要將它從你身上除去，但你卻選擇了，可能最具有生命力量的語詞，「命根子」，來命名它。或者，既然是值得你花大部分時間，努力要排除的對象，當然就得給予最沈重的名稱，這樣才配得上你所花費的心力，有著正比例的關係。

　　但是這樣子，是否更顯得你的殘酷呢？從你的角度來說，這種被誤植的命根子，在你身上，才是上天待你最殘酷的地方。

　　對你來說，是否命根子和陽具或陰莖，是無法相互對話，好像那是兩個世界的事情。就心理學來說，當叫做「分裂機制」的心理動能出手時，人的心理世界就會自動分成兩個世界。兩個只是隔壁的鄰居，卻是無法相互認識對方，如果期待它們可以對話，那更是難事。

　　這涉及一個乍看清楚，但從你的心理反應來看，卻是深刻的困惑：命根子和陽具或陰莖，是相同的東西嗎？也許你沒想過這個奇怪的命題，因為仔細一想，會覺得在文字定義上，是相同的東西啊！

　　重點就在這裡了，何以相同的東西，卻會出現不同的命名，而帶來心理上的不同感受呢？有些是意識上的，

如上廁所，要刻意叫做「上一號」或「上二號」。我好奇的是，你可能是不自覺的結果，好像分裂的機制，一刀下去，讓命根子和陽具或陰莖，變成不同世界的東西。尤其是在心理的世界裡，這種情形倒是讓我想到，一個可能跟你明顯無關，卻跟我感興趣的世界有關的說法。

「各位可以從精神分析的主觀性中，看到訓練的重擔以及師徒之間的關係，師父的存在似乎宣示著：『如果你說的話和我如出一轍而我還不認你為徒的話，那我未免顯得太小氣了。』所有的學派都是在這樣的基礎上建立的，只是程度上的不同而已。因此，在不同的精神分析學會之間根本是『雞同鴨講』，在開始溝通之前就註定不能談出任何結果。」（《從言語誕生的現實：精神分析實作三景》，頁89）

也許命根子和陽具或陰莖，是被當作兩個世界的東西，如果硬要一起想的話，就是如引文裡提到的，「雞同鴨講」！這讓我想起了，在我們工作圈子裡的一些爭議，以及這爭議裡所隱含的人性。這些爭議不必然直接影響著你，畢竟是無法有一個絕對大一統的想法，放在每一個國家的每位個案都可以適用。這個說法不是嘲笑我身處的世界，但如果要說跟你有關的話，也是間接的。因為你走進我這裡，而我宣稱自己的技藝和精神分析有關。

雖然精神分析的技藝裡，有一些共同的語詞，作為

大家的基礎。但是只要進入了細節，個體的差異性就顯現出來了。

　　尤其當一個人宣稱要做自己時，這種區分一刀切離別人，使得不同個體的特異性，成為主要的視野，而不再是那些共通點，作為對話的焦點。當我將你當作獨特的個體來看，需要試著從你的困局和出路裡，想像你是怎麼回事？你如何看待自己的問題？以及我如何期待，從我這裡能夠提供什麼給你？但是又不會讓你覺得，做自己時，會被我的想法所淹沒。

　　我浮現的想法是，你跟我工作和交談時，到底我們是在對話，或者是「雞同鴨講」呢？或者在最深刻、最原始的人性深處，是「雞同鴨講」？在「分裂機制」的運作來說，這才是人性的常態。要有所謂的「溝通」，只是我的錯覺想像，或者並不致於如此絕然劃分出，只有兩個互不往來、互不認識的鄰居，而只要在一起，就會有其它的訊息在溝通著，這讓蛻變仍是有可能……

兩句話在舌頭上打架
為了昨晚邪惡的夢話是誰說的
心虛的嘴只好苦守著
咳嗽時的雲霧裡
有寂寞狡猾的黃昏
不願放手給黑暗
在肚臍岸邊徬徨

20

只有邪惡和正義
也只有男和女嗎？

　　人性裡，相當原始的「分裂機制」所帶來的二分法，例如，只有愛和恨、黑或白、邪惡和正義……。但是，只有男和女，也是因為這樣的緣故嗎？

　　你說如果只用男女二擇一來說，既然你不要男性特徵：陽具。那麼你是女性嗎？

　　你帶著疑問的口氣說，也許是這麼單純的答案，但是如果這麼簡單，還會引起你的沈思嗎？你是在想什麼呢？如果「分裂機制」是帶來很多問題的潛在緣由，讓人在全有或全無裡，只能選擇其中一種，但是你的疑惑是在尋找，全有和全無中間的地帶，那是什麼呢？理論和實務上，處理事情若過度使用「分裂機制」，讓生活裡和他人的互動，只有全好或全壞，缺少中間地帶的感受，人性上，這讓人處於很受苦的位置。

　　你說，你只是覺得，多了一根命根子，那不是你想

要的，你要把它弄掉，就是這麼單純，你的身體多了一根，你不想要的東西。這是你對於生命的結論。

這些身體上的東西，在心理上，卻不只是這樣子，它還代表了，是男人或女人的答案。這個答案影響的範圍，是比你預期的還要寬廣吧？以前有第三性的概念，但是如果男人和女人之間，是很寬廣的領域，這些中間的地帶是什麼呢？這是理論的想像，或是人世間的實情裡，早就存在的現象？只是大家習慣以性器官，陽具或陰道，作為唯一的判準。所有的社會生活和律法，是在這種截然二分的性別裡架構起來的。

我想起了佛洛伊德，他對於心理學上的男性特質（masculine）和女性特質（feminine），並不是以生殖器官作為區分，而是以「主動性」作為男性性特質，以「被動性」作為女性性特質。這不只是指表面上的行動，是主動或被動的追求。這些論點有些抽象，可能不易被了解和體會，不過對於你的情況倒是有刺激想法的功用，我就再多做一些說明。

對佛洛伊德來說，主動性和被動性，是因本能要達成滿足目標的特定型式。他認為本能本身就是主動活躍的，而且本能以「滿足」為目標，有主動性和被動性的區分；在發展上，這是先於陽具（phallic）和被閹割（castrated）的存在，因為本能的存在，就是以自身要獲得滿足為目標。至於主動性和被動性，除了行動層次

外，還有幻想的層次，例如，被虐待狂和暴露狂，是以被惡意對待或被看見而獲得滿足，這是被動性的意思。

　　不過，我相信這些說明還是很難理解，就當作我的能力侷限，還無法說清楚它們吧！這種能力的侷限，也一定會呈現在，我對於你的某些不解吧？我是相信如此，畢竟我無法說服自己，我是以已經了解你了，來作為工作的開始。我是相信，透過你的存在，讓我更貼近，這些語詞想要指涉的，語言難以觸及的地方。

　　在身體相關的發展上，主動性的運作，是主宰的本能，透過肌肉組織的運作；而被動性則是，經由性感的黏膜獲得被動的滿足。這是佛洛伊德的想像力，我不是要把這些概念塞給你，硬要你想一下這些想法。其實目前我是還想不到理解這些概念，對你有什麼用處？我很難相信，你會在有了這些概念後，就替自己在手術後，變成女人的疑惑，找出答案。就當作我以這些想法，來消化眼前的困局和不解吧！

　　你說，你不知道女人是什麼？

　　我當然是懷疑，你這話的表面意義。你有母親，怎麼會不知道女人是什麼？不過我也不認為，你這句話會沒有你的深沈的理由。也許這是你說，「近來被莫名不安所淹沒」，其中的一個緣由？況且更讓我困惑的是，當你對著我說，「你不知道女人是什麼」時，可能也有隱含著對我的看法。

對於我這位女人，到底是怎樣的人，對於你的問題我會怎麼看，你是充滿了疑問吧？

我想起拉維先生（Jean-Claude Lavie）對於某位個案，半夜打電話給他的推想，「我難道不該先考慮『此時此地』？這通電話深夜打來侵入我在床上安穩的睡眠，為什麼不考慮這個特點呢？……何妨將我們對話的內容，移置到午夜時分所代表的隱私意涵。如此一來，我就可以避開這通電話表面上濃厚的戲劇色彩，直接切入構成這段談話的具體核心。」（《從言語誕生的現實：精神分析實作三景》，頁74）

你對我個人，或者說，我這個女人，有種種疑惑，但是你又不斷地告訴我一些想法，要讓我認識你。你對我在此刻的種種疑惑，將會如何影響你從以前到現在，對於是男是女的認同？

或者我給自己一個更大的假設是，你對我的種種困惑，會如何影響早年，你對於自己的命根子或女人的疑問？雖然這在時間軸上，是以前發生的事，但也是依著佛洛伊德所說的，透過目前對症狀的探索，來建構生命早年的心理史。

你說，小時候，你很喜歡看著電線上，排排站著的燕子。但是，只要有人說到「鳥」這個字，你就想要躲起來。

眼角膜心情不定
看著風景擠在迷霧中徬徨
深情默禱
需要多少棵樹的影子
樸素守著黃昏

21

那些精子毫無方向感

你強調是好幾個禮拜前，所做的夢。你在夢中有一些對話，但是你並不清楚，你是對著誰說？

不過，不管啦，反正精子的心理學，就是要有意志、要分泌化學物質，才能找出路的啦！

哇，這樣子，整條馬路，都是化學物質了。

你覺得這是很搞笑的夢。醒來後，你卻是一直處在不安裡，你不知道何以你如此不安？在夢中，明明是很好笑，就只是一些哈啦哈啦的夢中對話，沒什麼意思。

我想著，你何以要強調，是好幾個禮拜以前的夢？表示這個夢一直困擾著你？但如果困擾你這麼久了，你何以都沒說出來呢？是你想要自己解決？但是要解決什麼呢？你曾說，來找我，是因為莫名的不安，這次你沒強調「莫名」，你是強調時間「不是現在」。或者你是以不說出這個夢，表達你對於我的存在的某種意義，我是無法解決你問題的人，因此你不必多說，但是你還是

規律的出現啊，很難說，你是不想要解決問題，不想了解自己是怎麼回事。

　　「首先必須強調想必會讓科爾濟伯斯基坐立不安的一點：只有一條路可以通往治療的現實，這條路就是對治療的敘述。這些敘述是治療的化身，在描寫敘述賦予治療的現實（假設有這種現實）的同時，經常會掩蔽其必然的主觀層面。不過，要讓我們承認治療的現實是語言發明出來的，還是一件很困難的事。」（《從言語誕生的現實：精神分析實作三景》，頁70）

　　你說，是此刻有些話想要表達，因此你只是抓取先前的夢來表達。這時候你有一些心思，想要對我說，想要在這時候讓我知道，只是透過夢的型式來讓我猜測。我總不能直接問你，你的夢要告訴我什麼？如果這麼直接，並不是對或錯的技術，但我要想想，我是在做什麼呢？你已經說出了一個過去發生，不是最新出爐的夢，不過這對我來說，不是困擾，畢竟我早就習慣，在你說出來的話裡，尋找「言外之意」，不論它是夢，或是非夢的素材。

　　我還是有困擾。你直接問我，作為一位女人，是不是一定要有卵子，才算是女人？雖然你馬上修正說，你不是問我個人，而是你正在想著，手術後，依然無法有卵子的事，雖然你仍在猶豫，是否手術後自己就是一位女人？

　　我的困擾是，你這個修正，更彰顯出你原本是想要
了解，我個人的狀況和私密。你是以你是男人身體在問
這件事，或者同時也反映著，你對於自己的困惑：你的
精子要何去何從呢？你心中雖是排斥外顯出來很礙眼的
命根子，但是你說過，打從心底，你是不曾要排斥那些
精子。你甚至曾借用同學的簡便顯微鏡，回家後，你做
了自己精子抹片，很興奮地看著它們，然後你再一次手
淫。

　　你說，那些精了毫無方向感。

　　你是想要對照你的生命，是多麼有目標，你一心一
意要手術，去掉自己的命根子。不過你今天談了夢之後
的不安，是指什麼？雖然你是說在夢之後感到不安，但
是這種不安，在我這裡好像被加強了。可以從你說話的
口氣感受到，也就是你說的不安，不只是你在夢後的不
安，也包括你向我這麼說之後，再加進去的不安。也許
可以說，這是後來見了我，加進去的不安，或者也可以
說是，你在想著如何跟我說這個夢時，不安就浮現了。

　　因此可以說，你的不安好像有了名字，不再是那麼
莫名了。因為你的不安有部分是針對我而來，不過當我
這麼說時，可能會遭遇的困局是，你可能會說，你這種
不安是在來找我前就存在了。這是你來我這裡的緣由。
嗯，因此我遭遇的困局，就不是單純地說出，我在這時
候所觀察到的現象。也許對你來說，好像是卵子要去找

精子的故事，是件不可能的事。

　　這當然只是象徵式的比喻。如果從你對於精子的好奇，以及這個夢來說，你是有象徵的命題在思考著，涉及男或女的心理認同。對你來說，看來不全然是生理的解剖學就能決定的事情，雖然在目前，也許仍如引文中所說的，「不過，要讓我們承認治療的現實是語言發明出來的，還是一件很困難的事。」

　　因為如果你的故事，還是精子要去找卵子的古老生命故事，那是意味著，你已經無法有機會去完成這種人類自古以來的生活事件。這跟前頭說過很難理解的，男性和女性特質，以及主動性和被動性有關連。

　　你說，你從來不曾想過，以命根子進入別人的身體裡面，讓精子去找尋它想要的卵子，意味著你限制了，精子先天命定的任務，如果精子也有恨意的話……

風這麼說
雨也跟著說
很高興你的存在
讓孤獨依然有孤獨
卻不再覺得只是孤獨

22

替自己預約出生後的模樣

你說，你絕不能讓母親知道，你不想要她替你生下的命根子。那不是你要的，但是，無法說「要」或「不要」，你甚至帶著玩笑的口氣說，你又不能替自己預約出生後的模樣！說完這些後，你長長地嘆了口氣。

我說，你是想要我知道，你未來手術後的模樣。因為你對於手術後會如何，近來顯得不確定，也增加了不安。你說，你對我沒什麼預期，你覺得只想要我更了解你。

我說：但是你覺得，我仍難以了解你，因為你覺得自己的心思太複雜了。

我再細想一下這樣的對話是什麼意思呢？怎麼會有這樣的對話方式呢？當你說故事的時候，我的言語，可以說是提供了不同的地圖。你說的是你的往事地圖，而我試著提供另一種地圖，套用在你說話的內容。你和我之間，可能有什麼正在發生……，「目前對我們來說，最

重要的是，我選擇了一張精神分析的地圖來指引我的方向。……最後，我們發現是我選用的地圖創造了我剛才向各位描述的這塊領土。地圖的選擇竟然能夠創造領土，如此的因果倒置的確不容易理解。換一張地圖就會使領土隨之變化，這正是佛洛伊德作為精神分析師的遠大抱負。」（《從言語誕生的現實：精神分析實作三景》，頁77-78）

以下是我的延伸的想法，作為我嘗試理解這引文的方式。當你說了某個故事或想法，在這個場景下，如同兩個人一起看見了某個風景，但是你和我，是各有不同的感受和說法。因此並不是只有你的說法，但也不是說你的想法是不要被考慮的，而是我也提供了我的角度的解讀。目的在於，讓你和我的想法能夠有交流，並達成某種體會。

我只能先用「體會」這個字，或許仍有很大想像空間的語詞。這涉及了我的說法本身的潛在目的是什麼？如果我的說法是為了可以溝通，可以讓你聽了後，有更多更自由的想像，那我就得在細緻的地方猜測和想像。你此時在這裡，是處於什麼樣的狀態？如果我以大人對小孩說話的比喻，大人要說出某件事時，會自覺或不自覺地依著眼前小孩能夠理解的方式和語詞，來說出想法。我不能不管你的狀態就只是說出來，也不能不管你是否能夠了解，雖然我期待你能在消化我的話之後有更自由

的想像。否則就會變成用大人的話語，對著五六歲小孩，說些他不懂的事，那就是大人本身的問題，而不能說是小孩的問題。

不過你是大人了，我這個比喻也許不全然符合。我想說明的是，在我說出想法的時候，會有兩人之間的猜測存在著，這種猜測是，當我這麼說時，你能了解嗎？不是你是否能接受，而是你是否了解我說的？並且你是否願意，因此讓自己有更多的想像空間？這是引文裡所說的，你的說法裡有你的地圖，來理解正在說的事情，而我是以另一幅地圖來說明，就算是你我站在相同的地方，由於地圖內容的不同，溝通之後，會有擴增視野的意味。

這種擴增視野，依我見解，就是由於參照地圖的不同。就算看著相同的地方，也會看見不同的東西而增加視野，因此增加了領土的範圍。對我來說，增加領土是包括我所描述的內容增加了，看得更細緻，讓地圖更深入，或者標示出不同的風土人情，讓領土擴增了。

你再次說，你真的對我不抱期望，不認為我能幫上你的忙，你只希望，我能夠了解你。也許是我的期待太多了，以為你來找我，是要我給你一些建議，可以走出目前的困境。但是你仍沈浸在，覺得自己的不安是莫名的。既然還沒有找到名字來定位，意味著有什麼名稱在地圖上，但是還沒有被看見。或者你和我可能已經走過

很多次了，但是我們都視而不見，只因為你和我的地圖，
都還沒有替那地方命名。因此我們一直看不見它，當我
們的視野還無法看見它，那地方就無法成為我們可以工
作和討論的領土，雖然它一直在某處。

　　你說，你覺得我根本不想了解你，甚至覺得我很怕
你。乍聽，我楞住了，因為你突然帶著我，到了另一個
地方。你把視野拉到你我中間，而我一時之間，對於你
這麼說有些訝異！我不確定，我是否如你說的那樣？不
過，我先採取不排斥的態度。

走散多年的一首歌
愈來愈悲傷
想起三隻黃色粉蝶
曾經在午夜
浪子回頭
寂寞地寫起詩
蝴蝶的詩是倔強的咳嗽
堅持要有臉紅

23

「早年的命根子被取走了」
是什麼意思？

　　一起工作好幾次以後，你再次提到，我根本不想了解你！你覺得我一直很怕你，你再說，覺得我對於你的命根子，是害怕的。因爲你一直談著要把它弄掉，根據你知道的理論，你要做的事，正是我覺得曾經發生在我身上的故事。

　　我是覺得很不舒服，不是針對你說話的內容，對或錯，而是你的話語本身是一種冒犯，是對我的冒犯。這是男人對女人的冒犯嗎？或你是個入侵者，想要除去命根子，是某種讓自己不會發生侵犯的處置？還有更多可能性，不過我覺得不論是何種緣由，這時候最明顯的是，你在冒犯我。雖然你舉的例子，是理論上，我作爲女性，以前可能曾經有過這種經驗，但我沒理由跳進你引用的理論。我想像你沒說出的可能是，我是個女人，依照你理解的精神分析理論，我是曾被「閹割」過。

　　目前是角色互換了，你變成了我的治療者，並且分析我，以理論硬套在我身上，這是你顯現出來的，某種象徵式的暴力。我先引用別人的論點，來幫助我想像眼前是怎麼回事，「移情的『現在化』，即在分析情境中發作的精神官能症，通常不會很暴力，但往往會很尷尬，因為它強加在我們身上且讓我們無法遁逃。……佛洛伊德認為，在病人與分析師的關係上發作的精神官能症，是分析師唯一能對精神官能症『下手』的機會，因為這一幕不僅在當下演出，而且對峙的兩個角色是隱藏在當場兩個人背後的真正主角。」（《從言語誕生的現實：精神分析實作三景》，頁75）

　　我需要先說明，你和我之間發生的精神官能症是什麼意思？依照佛洛伊德的說法，是假設個案在診療室外的精神官能症狀，也會因為精神分析採取自由聯想的方式，使個案在不自覺的過程裡，在診療室內，產生了如同在診療室外的症狀。而且這症狀是針對治療師而來的，假設精神官能症是敵手，那麼治療師是無法處理，在診療室外看不見的敵手。當精神官能症出現在治療師眼前，就是可及的對手了。在診療室的實作經驗裡，「在病人與分析師的關係上發作的精神官能症」這句話是有它的臨床意義。

　　例如，當你說出，我根本不想了解你時，雖然現在你以相當節制的方式，說出不太尖銳的話，但是我可不

能太遲鈍啊！雖然我還得再等待，至於我的等待是在等什麼？可能就有眾多的論點了。光這些論點的差異，就足以讓我們的同行們，有很多的文章可以想像和描繪，因此構成了這行業的繽紛色彩。但是難題仍在，畢竟精神分析的存在，是來想像和猜測心理世界，那麼你會怎麼看呢？

我說的難題是，起初我只能猜測你的內心狀態，或是術語說的「移情」，隨著時間的推移，一些模糊的情境有些具體了，也就是你在此時此地，出現的精神官能症是什麼？是否已足夠成形，因此當我描繪出來，你是可以辨識的？這是另一個難題，什麼才是那種狀態呢？當然還有另一層的難題得想像。就算是具體呈現出來了，例如，你再度說，我根本不想了解你時，這句話在此時此地，可不是一般的話語。但是你克制的態度，是否還是如城牆般難以穿越呢？

你目前的說法，雖然我覺得你是冒犯我，但我還無法很清晰地浮現，你的精神官能症是什麼？你這種冒犯不是平時常見的現象，當你此刻這麼說時，我明顯感覺你是直接把我捲進你的世界裡。我無法抗拒，甚至我的抗拒像陷在網子裡，愈掙扎愈捲進去。我需要其它參考點作為支撐點，不是參考點一定對，而是作為一個支撐點，讓我可以有個距離，再想想眼前是怎麼回事？

我還在想，何以我無法明確地感受，你在這裡的精

神官能症是什麼？不是我不知它的定義，而是還無法從你的故事裡想像，你所出現的精神官能症，會如何搬來我身上？或者這個疑問是什麼意思？我使用的描述方式是對的嗎？或者還有只以精神官能症的地圖，是無法看清楚更原始的心理狀態？

還有什麼比呈現精神官能症，還要更原始的心理呢？依照理論是有的，例如佛洛伊德晚年描述的，自我防衛裡的「分裂機制」，這被當作是更原始的心理機制，處理的是更原始的二分法的心智世界，例如，好人壞人的二分。相對於，以意識的壓抑克制和潛意識的潛抑，「分裂機制」是更原始的、對於人生更具有破壞力的心理機制，它會使人只以兩極化的好壞、善惡來看待世界。

當你替我下了理論上的結論，說我是因為早年命根子被取走了，所以心裡會怕你，你間接說，我因此不想了解你，這意味著，我也不想了解自己。首先我需要想一下和克服的是，是否要跳進與你辯駁，說我可是經過專業訓練的呢？但是當我真的這麼做時，只是把我擠進了，你在此時此地設定的，我就是那樣的人。而我如果說，我不是你想的那樣！這就變成了只有二分、兩極化的狀況了，那麼，我跳進去這個漩渦是必要的嗎？

你說，你不想將我當作治療師，那我是什麼呢？

一張明信片
紅著眼睛
路過舌頭上的一朵花
有正義多汁的情感
吹著鄉愁的風
交換妾身不明的
滿臉乾澀微笑

24

人生是拿著地圖在玩
或是做什麼呢？

你再說，你不想把我當作治療師。前幾次，你這麼
說時，我已經沒時間回應，於是保持沈默。這一次你再
說，而且馬上再補充說，你覺得你的問題，不是「性」
的問題。你對於和女人有性關係並不熱衷，但是要和男
人一起，你也覺得無法想像。我是納悶著，這跟你說，
你不想把我當作治療師，有什麼關聯嗎？

依照我的工作方式，會傾向思索並假設，是有關聯，
以作為觀察和想像的方向。但是無法強逼你接受，對於
你來說，你已經被逼得接受有一根你不想要的命根子了。
我是相信，要你再被逼得接受，就算是人世間最好的東
西，也都有它的難處吧？

當你說，你不想把我當作治療師，可能意味著你有
其它期待吧？或者你是相反的，不想要把你對於治療師
的期待，強加在我身上。偏偏你是有期待的，讓你覺得

很困擾，你是有動機來找我談，但是此時此地，你卻漸漸覺得我是多餘的人，是你想要丟掉的對象了。

如同你當初不想要命根子時，你是處在被任何人丟棄的感受裡，上天不但丟棄你，甚至把不要的東西丟給你，讓你來承擔。

我說，你是覺得我變成了你的命根子，你開始覺得想要割除我，當你覺得我不是治療師時，就是你可以不再來的時候了。我也想著，可能顛倒，你是一直希望我存在，但不是以治療師的角色，而是其它你仍難以清楚期待的人，不過我在瞬間裡，是先選擇了前述的說法。

你說，你並沒有想要割除我，但是你開始覺得，不了解自己的人生接下來要如何走？

嗯，你這個人生題目，的確是困擾你很久的事了，只是你先前較少如此直接說。我要直接回答你，給你人生的樣本嗎？或者我需要其它的想法呢？

關於人生如何走……人生如果像條街道，自己要如何逛呢？走過的地方有什麼店面呢？是否整條街，只有你所期待的，提供手術的場所，以及你拼命打工賺取手術費的地方？你從來不曾跟任何同事談過，你工作是為了存錢做手術的事，且因為不想被別人知道你工作目的，而不斷更換打工的店面。或許地圖上還有其他圖示，但是你完全視而不見？

如果說，人生只是路過，而你想要處理掉命根子這

件事，就可以耗掉你大部的心力了，你根本沒有心思去
關心其它的故事。

　　你提出的問題，可以被簡化成，我就是好好替你想
像，在手術後的人生如何過？這是一般人在面對人生時
的想法，好像只要依著人生的地圖，就可以按照地圖指
示走。不過對我來說，可不如此簡單，我還需要想更多
些，我以這引文爲例來說明，「『我知道我在說什麼』
是一種根深蒂固的錯覺。語言的不確定性有它的好處，
它會讓我們對所說的話提出質疑……

　　我們可以透過地圖和領土的不斷對照，來改善我們
處理『在說什麼』的方法。佛洛伊德從一開始就是這麼
做，後來也一直繼續這樣做。他爲自己設定了兩個約
束，一是實作一定要符合理論，二是根據實作產生的效
果使理論日趨完善。」（《從言語誕生的現實：精神分析
實作三景》，頁72）

　　談精神分析理論的建構過程，並不是硬要以理論的
構圖，強加在你身上，但是爲了能夠有機會走出不同的
路線，我又需要引文中所說的，以理論作爲我的地圖。
重點在於，是要了解你先前不自由的癥結，接下來再看
看，是否有可能更自由？這需要你和我，先一起在相同
的路上，但是有不同的地圖，或者有時是需要走進，你
常常避開的路線。

　　因此會出現的不同命題。例如，走過人生的風景，

你會如何描述看見了什麼呢？一般人觀光的路線和焦點，和當地人或在地文史工作者，所提供的旅遊地圖是不同的，雖然走著相同的一條街，你拿著不同的地圖，就會影響你看見什麼景緻。

人生要如何過、看什麼、說什麼故事，都是一股潛在的動機，那是什麼呢？其實從這個疑問開始了想像和猜測，也開啓了潛意識工作的可能性。這個過程仍有很多細節值得再描繪，一如當有人重複去京都旅遊，起初可能只依據觀光客常去的旅遊地圖，後來再去時，有些重複也有一些新行程，再後來可能變成依著當地人或當地文史工作者的地圖，就會看見不同的景緻。

這種情況愈走愈細緻，甚至後來，也許只是坐在某處，看著人來人往，或者只是坐在某個寺廟門口的樹下，然而，跟多年前有不同的感受了。這是我的假設，如同前述的引文，因不同地圖的背後，有不同的理論假設和觀點，經由這些不同地圖的重疊，讓走著相同的人生道路，有著不同的經驗和視野。

這些說明的目的是在於，當你說你不想把我當作治療師，以及你對男人和女人的性關係的說法時，於我而言，我不會馬上只依循你的說法去想像。而是你的說法裡，不論想不想或者有無「性動機」，我都假設，是各自有不同的地圖和指引。我不是只依你的說法，就馬上丟掉你說不要的地圖，我是需要假設，你的說法都是要

我去逛逛，你提供的地圖。雖然你是以打叉叉或說不的方式，來標誌你的地圖。

你說，你不知道為什麼需要想，自己是喜歡男人或女人的問題？雖然我一時之間，也不知你何以突然提出這個問題？

未完成的那串遺憾
尾巴綁著黃色塑膠花
堅持永恆
卻是脆弱跌坐胸前
靠著寂寞
緊握方向盤
支撐一盞小燈

25

讓自己更餓
更難以找到菜色的解讀

你說，整個社會對你都有偏見，把你這種人當作是怪物，是需要被別人憐憫的人。

我想，你也許是對的，社會環境是這樣的無情，看待你這種稀有的人。你在這種社會文化裡長大，埋著頭自己長大，自己找方法來解決，你多出來的命根子。無論這種殘忍是來自於，你被硬植了一根，你不想要的東西，或是以後需要把它移除，但不可能無視於社會文化的影響，這些影響甚至左右著，你對自己的感受。

如果我主張，社會文化作為外在現實的一部分，是人性投射出來的場域，那麼是有些什麼因子，讓社會文化是這樣子呢？或者更大膽的疑問，那只是由別人構成的社會文化嗎？那麼你的角色呢？你是否也會是社會文化的一部分，也是自己的迫害者呢？只是透過已被形塑的社會文化，好像那是完全來自於其他人。不過我必須

承認，我不會冒然說出這種可能性。我沒有理由，在你心理準備不及的情況，這麼說出口，好像是逼你得接受這種說法。

你說，你不需要被可憐，你想要自己來解決，這個上天所帶來的不公平。

「我想各位都聽過佛洛伊德關於詮釋的妙喻，他說：『對於飽受折磨的病人做一些解釋，就好比拿菜單給快餓死的人一樣。』我們能給病人什麼呢？最好的辦法，就是雙方帶著各自的經歷，來到那塊彼此相遇的領土上。病人面對的不是精神分析，而是精神分析師。分析師的感動、擔憂或冷漠不是無緣無故的，而是與他來到這塊領土息息相關，問題在於如何利用這些元素。」（《從言語誕生的現實：精神分析實作三景》，頁75）

其實你對於社會文化的解讀，也給了自己一張無法解決，只是讓自己更餓，更難以找到朵色的解讀。讓自己更陷進其中，而變成唯有拒絕它，讓自己遠離，才能處理你的困局。我的想法是，就算精神分析有堅持的意圖，要在潛意識裡找到一種的說法，但這並不是對於外在環境因子的社會文化，要視而不見。誠如佛洛伊德提過，除了超我和原我，外在環境也是自我的主人，而且都是殘酷的主人，只想要滿足自己欲望的主人。

試想，如果你仍只是歸罪於社會文化太殘酷，而讓自己不和外界互動，這只會讓自己更難以招架社會文化

作為外在現實的殘酷。就像我作為治療師，對你來說，
也是外在環境的一部分，當你說，社會文化對你的偏見，
我自然無法讓自己自外於社會文化的一部分。並不是說，
我同意你，我也是對你有偏見，而是你這麼說時，可能
反映著把我推向這種位置。

　　況且我不完全了解你，自然是有可能會只依自己的
有限經驗來想像你，而成為某種偏見。因為你是來找我，
而不是只來找分析治療這種技藝本身。

　　你說，這個社會根本就不會替你想，你要如何找到
容身的地方？

　　診療室外的地方，才是你真正容身的地方。但無法
確定你說的，只是在指診療室外，找不到容身的地方。
你也嘗試要告訴我，我是無法包容你的，就算我不認為
如此，我也沒理由跟你辯駁，我不是這樣的人。我想，
我是沒必要那麼做吧？不過你的說法裡也反映著，我進
一步思索文化和環境因子和人的心理關係，是有多元的
論點。

　　因為我就是你的外在環境。如果這樣子，我就沒理
由完全排斥探索社會文化，作為外在環境對你的影響了，
但並不是簡化式的說法，就只有外在環境影響你的心理
發展。

　　對精神分析來說，是可以用溫尼科特所說的，沒有
嬰孩這件事，有的是母親和嬰兒，來想像文化和環境是

如同前述所說的母親。這裡的母親並非是指生物體的母親，而是某種心理空間，只是以「母親」這語詞來描述它。因此可以想像，文化和環境因子會影響人的心理，一如母親會影響嬰兒的心理。

但這並不是單純的嬰兒被影響而已，而是假設嬰兒的心理動機，也會影響母親。我主張對於文化或環境因子的影響，如果以溫尼科特的過渡空間來想像，有個空間是由文化（環境）和嬰兒相互影響的空間。這個主張並不否認，嬰兒作為主體，有他對於文化（環境）的影響力，但是也沒有忽略，人不可能是自己長大的事實，而是需要母親，也需要文化（環境）的相互影響。

如何不忽略外在現實，但又不是單純地說，外在現實才是唯一的真實，會影響內在的簡化式說法？因為我還是主張，甚至堅持，內在心理世界是唯一的真實，只是我不想讓這種唯一真實的說法，變成只是排斥其它可能性。也就是藉著既然治療師是個案的外在現實，但我們是以「移情」來觀察，再由此來談外在現實不能被忽略。

你說，你每天醒來前，就先發現那根是硬挺挺著，好像在提醒你，這個世界是險惡的。

在殘酷和殘酷間
無情和無情間
三行文字自許是臉孔的徬徨
為了預知的絕望
苦苦搭訕
蒼白的霧
詢問遠方來的心事
是不是有自己的路

26

每個你想要抹掉的地方
都有心理痕跡

你是這麼說的，你在惡夢裡已經多次被驚醒，起初只覺得莫名其妙，後來才知道，原來是你的命根子在作怪。

我請你多說一些想法，你說，當年你覺得那種下體的異樣感，讓你很驚恐，不知道是怎麼回事？你很想找人問，但是你不敢，因此就在報章雜誌裡，尋找原因。你的印象模糊了，不記得當初，是如何度過的？只覺得有很驚慌的感受。

當你現在對我說時，那些驚慌，都不見了，完全不見了。你的口氣是帶點冷淡，好像你在述說，從書上讀來的故事。臨床工作裡，我的確只能從你的說話裡，找出一些言外之意，透過一些蜘蛛絲般的牽連，作為我認識你的方式。這種工作方式，是很脆弱的。因為一切的基礎，都在於你說出來的話，沒有你的言說，就算有你

的在場，也非語言的內容具體可見、可體會。

種種具體的跡象，如果缺乏你使用抽象的語言來述說，我是幾乎無法掌握那些跡象是否為歷史事實的故事？你在診療室裡的具體行動，也會變成了空洞的骨架。

你說，那種驚慌，讓你變得愈來愈麻木，但是那根卻老是硬挺，讓你很難處理這些驚慌。

你這麼說時，我是不太能感受到什麼驚慌？你更像是早就有想法了，也就是不論是什麼原因造成你的苦難，你只要將它手術掉，就可以解決這一切了。因此我感受到，你的胸有成竹，但是這實在是有些奇怪？

你邊說故事，邊說印象裡是以前的事，卻也同時是邊說邊抹掉的過程。對我來說，我並不在意，你抹掉當年故事的某些細節或者你的感受，畢竟你的任何抹擦，都會留下你心理運作的痕跡。對我來說，你的故事的意義，再搭配你在場時，所流露的言語外的肢體和情緒，讓我有基礎想像，你的心理是如何處理這些苦痛。

也就是，每個你想要抹掉的地方，都有著你在面對那些難以了解或未知的苦痛時的心理痕跡。

這就像夢那般，並不會因為有夢工作的扭曲或掩飾，而讓夢失去它的功用。自從佛洛伊德以降，對於夢的觀察和主張，就是在這種好像是缺陷裡，張揚起夢在臨床的運用。甚至也影響了文學藝術等，對於夢的不同觀點。這是假設，人的潛意識裡，某些難以消化的苦痛，或某

些嬰孩般的期待，在被抹掉的時候，會留下一些心理的痕跡。

　　就這樣，隨著年紀的增長，不同時間有不同的痕跡，一層堆疊著另一層。我是依循我的同行前輩的觀點，覺得這些堆疊的心理痕跡，在概念上，就像是人類考古學發掘出那些被吃過的貝殼和被使用過的工具，這種曾被使用過是很重要的，一如使用過一些保護的心理機制變成遺跡。

　　這些心理的痕跡，涉及了心智運作的自我保護的方式，了解這些痕跡裡的心理機制，就有機會了解人性，我就是在這種主張下工作，這不是我發明的工作模式，是我的同行們和前輩們，辛苦的痕跡和資產。例如，「首先我們發現，實作和夢一樣，唯有透過敘述才能接觸到它。奇怪的是，我們通常認為夢和它的敘述是同一件事，但是對於實作，我們會相信敘述只是對現實的描述。然而，在敘述之外，實作真的是實際存在的現實嗎？它還是必須透過另一個敘述才能存在吧。」（《從言語誕生的現實：精神分析實作三景》，頁98）

　　你說，曾經有一次，你想要告訴你的母親，你覺得只有母親可能會了解你。你想要告訴她，何以要動手術割掉命根子？但是走到母親面前，你什麼都沒說出口。你又覺得母親不會懂的，她沒有命根子，怎麼會知道你的痛苦呢？雖然你讀過書，說女人有「閹割情結」，但

你這麼想時，卻仍不敢跟母親說你的事情。

　　對於你的故事，在我的工作方式裡，我不能不假設，你是要提醒我，我可能是因為有你說的「閹割情結」，因此無法了解你。雖然相同情形，也可以解讀成，你既然說母親有「閹割情結」，那麼她有可能是更了解你的人啊？不過，這不是你這時的想法，你仍然覺得母親和我，無法了解你的苦痛！而我在此刻的困難，也同時包括了，我如何以我的方式再說一次，你在這裡所說的這一切，是什麼呢？

　　你說的故事，和我聽你說故事後，加上我的觀點以及我的種種推論，都是如夢般，經過我的心智機制處理過的素材。也就是，「夢」在精神分析的過程裡的情況，並沒有因為濃縮和取代的功能，以及你跟我說時，會出現的不自覺的修改顯夢的內容，加上在診療室裡，要和治療師談夢時，會產生的移情……等等的影響。

　　這一層一層的影響，都是心智運作的痕跡。因此才有「夢的解析是通往潛意識的皇家大道」的說法，而不是夢的本身（顯夢）是通往潛意識的大道。這種情形也可適用於你說故事時，雖然同時抹掉一些內容，但是這些被抹掉的痕跡裡，就是有潛意識的心理機制。

　　看來也適用於，我在連結你的話語和舉動後，所說出來的話語，也反應著我心智運作的痕跡。這讓我的工作，不再只是單純地了解和猜測你，而是我也一直在猜測我

自己呢！難道這麼說，就表示我還不了解自己？所以還
要一直猜測自己嗎？我心中是如此接受的，只是我挑戰
自己，就算因為覺得還不夠了解自己，需要不斷地猜測
自己，卻仍可以讓我在你面前，是一個可以合作的談話
對象。

　　尤其在你說的故事裡，我處處觀察和假設，就算你
說的故事是早年的故事，但你此時此刻說出來時，就已
經有我的影子了。

　　你說，你可能對我有什麼情結，不然，你不會這麼
挫折。

孤寂的風在傳說中
眼眶紅了
讓被放逐的睫毛
在眼睛有神裡
靜默沈思
擠出一本神話學

27

你是不想被貼上標籤？

你說，你最近認識一個人，你覺得不知怎麼回事，就跟她說了自己想要變性的事。你是第一次跟別人說這件事，你也說了父母之間的事。你說，對方竟說你有「伊底帕斯情結」！你很不高興，但是你沒有當場反駁。

我心想，一個人知道自己身上曾發生過一場災難，伊底帕斯的災難，而且直到現在，都還會被一位認識不久的人指出，曾經發生過這場災難。這怎麼可能會是值得高興的事呢？我說「伊底帕斯情結」是場災難，可不是只從希臘戲劇裡獲知的訊息，當伊底帕斯不死心地追查出真相時，他是刺瞎自己的眼睛。運用這個故事，來說明人性裡某種情結時，會是愉快的事嗎？我是這樣來假設你的不高興。

你說，你不可能有這種情結，但是你不想打破和對方的關係，才隱而不說，因為你發現，你是喜歡她的。

我的假設是有問題的，至少依你目前的說法，你是

不接受自己有「伊底帕斯情結」。但是你的不高興，不排除你可能是感到有這種可能性，只是難以接受。不過目前我只能先說，你是拒絕的。你是不想被貼上標籤吧？不過你的說法，倒讓我想到另一件事。一般人對於精神分析的好奇，以及知道「伊底帕斯情結」概念後，會如何使用？這是個有趣的現象。不過從你描述的情況看來，這麼說的人並不知道，這個故事是帶有濃厚的悲劇的意義，即便它已變成術語，成為很多人的常識了。

　　你說，她似乎很想展現，對於你的了解。雖然你和她碰面，才不過第三次，你說難道你的問題這麼簡單嗎？你跟見面三次的她，說了一些在這裡也跟我說的故事，但是她三次之後，就認為她知道你的問題了。那麼，我怎麼到現在，還沒有跟你說，你有「伊底帕斯情結」呢？何況照你看過的書，說這是人性普遍的現象，那就表示你應該也會有這種情結啊？

　　依我的經驗，在診療室裡，如果和個案討論精神分析術語時，經常是在一種拒絕再談目前正要浮現的某些困局，而寧願在概念上打轉。不過，我也順勢依你的說法，來說明一些想法，就算不是對你直說，而是我在消化一個困惑。你談這個術語，跟你想要手術命根子，是否有什麼關係？

　　我不排除，你不喜歡命根子，是天生的。雖然你的說詞是有些不同，你是說上天作弄你，這跟天生體質因

子的說法，還是有些不同。不過，我沒必要在跟你工作時，替這個命題做出什麼結論。

你問我，是不是真的有「伊底帕斯情結」？我無意以回答「是」或「不是」，而陷進這個災難的情結裡。既是災難，怎可能如此輕鬆討論？「情結」是當年在精神分析診療室裡，眾多個案出現某種共通現象，而被歸納出來的描述用語，可以類比，像是在潛意識地圖上，標示出一個地區的名稱。

但作為一個人，是具有「要做自己」的動力，面對這種共通現象的情結術語，常是有複雜的反應，並無法完全清楚說明，在我面前的「你」的所有現象。我不能簡化地說，你的問題就是「伊底帕斯情結」的結果。這種結論式的說法，作為心理學通論，可能可以有值得思考的地方。但是針對特定的人，例如你，就算這句話不必然有錯，卻忽略了其它不被納進來的特有現象，也就是，人作為自己時，所獨特擁有的自己。

在說明「情結」的用語時，有時被忽略的情結之外的其它內容，卻可能偏偏在診療室裡，是更重要的工作內容。你的獨特性，就是作為一個人時，與眾不同的「做自己」的方式，以及要做自己時，所遺留下來的心理痕跡。也就是說，雖然一直以要手術、要變性作為焦點，但是，我需要跳開這種焦點化，才能觸及你的其它心理痕跡。

　　你說，是不是我早點告訴你，你有「伊底帕斯情結」，那麼你就可以更早有療效？可以更早結束分析治療呢？好吧，看來你今天是一個接著一個的攻勢，你的不少想法都急著要出來了。這是你在改善中的跡象嗎？或者還有其它的？我先引用這段話，讓我先緩下來，不要被你的急切所驅動，而忘了，就算是好的跡象，仍是需要慢慢消化的。

　　「但是在評估治療的效果之前，我們如何對『效果』下定義？效果是否等於病人在會談進行中行為的改變，例如他的表達變得更自由？還是他的生活出現了有利的轉變？我們知道，有些症狀會在治療過程中慢慢減輕甚至消失，似乎是藉此來逃避分析。這些症狀若再度發作，尤其是在治療的情境中復發，應該被視為進步的跡象。那麼，這些看似正面的改變，應該由誰來評估呢？」（《從言語誕生的現實：精神分析實作三景》，頁71）

　　你說，你其實不認為我能幫上你的忙。

漫漫長夜後
謹慎的眼皮上
躺著沒睡飽的夢想
伸手撕下一頁水聲
有海的氣息
傳來一輩子重複問的習題
自己是誰

28

「說故事」這件事
不會只有說話者

你說，你並沒認眞想過，是否要從新造的陰道獲得生理的快感？你說，你不太相信，會有再新造出來的身體快感。

如果是這樣子，這是什麼意思呢？你看來是要說服我，你手術後，就不再有任何快感的機會了。因爲以前，命根子仍是你身體快感的來源，雖然每次快感後，總是讓你自責。我想著，你何以要告訴我，這種對未來的想像呢？

你說，你曾在網路上看過變性手術者的問題，不過，你強調，這些並沒有阻礙你，要手術的決心。

我再度想起了，你說很小的時候，你看著雲說，你長大以後，要拿掉自己的命根子。那不是你的，而是雲的。今天你說，是雲的命根子，而不是某人的命根子，被誤植在你身上。我是不想說，那命根子事實上就是你

的。我甚至是刻意不那麼說，我想著，是否你目前想要說服我，出面勸你不要做手術？否則，會如你說的，你從此就不再有快感這件事了。

這種說法是有些誇張吧！但是，你就是把它說得如此誇張，要拉著我，走進你的結論裡，並且希望我的說法可以讓你改變心意？

回頭來看，我至今是不曾這麼想過或被你說服，「你一定要完成自己多年來的願望」這件事，因此我很少想像，是否要有勸告之類的話或想法。何況你我的交會，也不可能讓我完全知道你的故事。因為我不是要書寫你的傳記，我沒有義務要追究某年某月，你和誰做了什麼，說了什麼？

這麼想，也許是有些冷漠吧？或者我的冷漠是跟這種情況有關，「我常常在想，為什麼人人都覺得在想起不幸的往事之時，應該順理成章地感到悲傷。既然我生命中最痛苦的事件已經過去了，我應該感到高興才是，為什麼我想起這些事時還要難過呢？」（《從言語誕生的現實：精神分析實作三景》，頁41）我想起的卻是略有不同，甚至是相反的方向。當你愈來愈接近你期待的手術時，卻反而更接近心中的悲傷。

你說，你從來不曾感受過悲傷，你不知道為什麼，在很早的時候，悲傷就從你的人生辭典裡消失了，你不曾覺得，自己曾出力趕走它。

　　就是這麼湊巧，我想著你可能的悲傷時，你卻告訴我，對於悲傷的感受。這只是巧合嗎？但是我早就說過，在我這個行業，沒有巧合這件事。有的是巧合和事出必有因的連結，兩者同時存在，卻可能不自覺。我的角色，不會把各種難以說明的事，都歸結為巧合。

　　甚至你可能覺得，和我之間有某種感覺變得很奇怪，你覺得來找我談時，好像要印證你內心裡，某些難以說出口的話。那些話都代表著，很多心思，難以分得清楚的心思，集結在一起。

　　你說，你不知道我會怎麼看待你，你說你不是怪物，你只是想要拿掉，不屬於自己的東西而已。

　　我想事情不是你說的那麼簡單，「你只是要拿掉不屬於自己的東西」？如果這麼單純，你不會告訴我，「你甚至以後不會再有身體的快感了」。我的存在讓你覺得，我是某個角色，能夠印證你心思的人。我還無法完全了解你的意思，是否這是「自體心理學」，想要描述的某種狀態？你覺得有塊領域，那裡是你和我，但不是具體的人，而是某種心思或經驗一起聚集在那裡。但是那裡的我，被你賦予了功能，能夠印證你的心思和感受。

　　何以你需要我充當這種角色呢？或者命題不是這樣子，而是當你開始和我談話後，我們一起工作的情境裡，就自然地會形成，說故事這件事，不會只有說話者，而是說故事者和聽故事者是一體的。一如溫尼科特所說的，

「沒有嬰兒這件事，有的是母親和嬰兒」，這裡所指的，已經不再是指生物體的母親和嬰孩，而是兩人之間的互動，已經建構出一個過渡的地帶，讓說故事者和聽故事者之間，出現可以工作的心理場域。

你說，你愈來愈不清楚，我是什麼樣的人，也愈來愈不清楚，當初為什麼決定來找我。很奇怪，原本清楚的卻變成模糊了。

我想著，也許模糊，才是新的開始吧？

三十種寂寞表情
走路有風
比色情更膨脹更無禮
逼迫純情的咳嗽聲走上街
扛起空白的風聲
還能霧中散步多久呢？

29

不是一盞燈出現
就會全部光明的「暗」

　　你說，多餘的命根子和自己的生活，早就糾纏不清
了。我問，是指什麼？你沈默了一會兒，有好幾分鐘，
我原以為只是接著你的說法，而多問一下細節而已。但
是看來我的問題是一個闖入者，我只好凍結自己的姿勢，
等待你的回應。

　　你說，在生活裡，很多地方都需要用到命根子。你
突然大笑，雖然這樣子，你卻一直把它當作敵人，但是
它不曾有任何怨言。

　　我差點想跟著你的玩笑說，是啊，你是虐待它不少
呢！在你要手術掉它之前，你是需要好好跟它說再見。
不過我沒有說出口，我覺得這句話在目前太唐突了！如
果你覺得你還沒有邀請我，走向更深度的世界，我這麼
說，會再度讓我變成闖入者。你的玩笑話裡，多少反映
著前陣子以來，你覺得，我就是個闖入者。

雖然我是女性,但是你有時會讓我覺得,我是你那根多餘的命根子。不容否認的是,你也簡化了問題的解決方式,以割掉那多餘的一根,作為解決你所有問題的方案。這讓你在目前變得很辛苦,因為你如果要割除我,那你就再度陷入,你原本的孤單和困局裡。所以我說,你的玩笑裡也想告訴我,我也是那位不會抱怨的敵人!

「回憶、聯想、憂慮、威脅:凡此種種,都可以賦予我們的情緒一些意義。在諸多可能的理由之中,要在情緒發生的當時指出其根源並不容易。然而,只要一個微不足道的因素介入,灰暗的憂愁就會轉換成其它思想而改變我們生活的色彩,或者仍保持一樣的思想,但是顏色變了。當然這只是暫時的!」(《從言語誕生的現實:精神分析實作三景》,頁41)

你再度陷在沈默裡。我其實只是做一個嘗試;我剛剛是猜測,你可能會想一下我所說的,不過你的再度沈默,倒是讓我想到,不是一盞燈出現,就會全部光明的「暗」。雖然精神分析是探索人性的黑暗,但不是一盞燈就可以照亮所有的暗。我常覺得,有時候,我們相信的,一盞燈就讓黑暗不見的想法,有可能在潛意識裡,不是實情。

我只能對自己說,我有種「善」,不必然是道德式的良善,而是我持續的意志,探索那些有光但仍暗的黑。也許這比較接近潛意識的人性實情,光明和黑暗是並置,

而不是照光後，黑暗就不見了。在光裡，自然有不同色
彩轉換的經驗。

後來你說，你有時覺得你的那根，是來自父親的命
根了嗎？你是以疑問方式說，好像如果是肯定句，會讓
你在我這裡時，不知如何自處？你很快以肯定口氣說，
這和基因學的說法是接近的。不論是基因影響或心理影
響，對我來說，我是無意說心理因子是你想要變性的源
頭。但是你來這裡談你的問題，我相信，在你心中，是
覺得有一塊心理學的領域，在影響著你。這也是你，雖
然不時會質疑，我是否能了解你？但是你仍持續來這裡，
似乎是要讓心理學的領域，有可以發展的空間。

例如，多年來，你生活上大部分的領域，是你未曾
花心思，經營和灌溉的沙漠地帶。雖然想著不知是誰的
命根子，但是你很少跟人們來往，直到後來有了網路世
界，你才常看著有同樣困擾的人們的交談。但是你覺得
跟他們很遠，甚至你覺得，和他們仍是不同世界的人。
雖然都有著相同的意志，想要手術，拿掉命根子，你一
心一意認定，只要賺足夠的錢，可以出國做手術，然後
你未來的生活就會不同了。

你說，你已經忘了，是什麼時候的想法了。當你知
道，可以手術這件事後，你的世界就改變了，至少你有
了希望，有了努力的目標。

我是不能否認，你這麼說顯示的是，如果你不知道

有手術這件事的話，還眞不知你會在暗黑世界裡，如何
過日子呢？回頭來看你的生活，是被區分成兩塊，一塊
是你身處其中狹小的黑森林，另一塊是你忽略經營的廣
大沙漠。這片廣大的沙漠，就像是提早被你割捨掉的「命
根子」，雖然你和命根子的關係，是比沙漠的比喻更複
雜些。你和周遭人很少接觸，在我的想法裡，把這比喻
成，就像是你切割了你自己和其他人的互動。

　　你說，仍堅持要手術，但你卻開始莫名不安起來。

　　這是你剛來時，曾經說過的，現在再說，讓我多了
一些想法。也許我只能說，在以如此激烈的物理手術作
爲手段，來達成心理學上要做自己的過程，我看到的是，
還有漫長的路得走，至於這種做自己，是做女人或男人？
或者還有其它無法被界定的傾向？

　　但是對你呢，是這樣子嗎？需要再慢慢看。雖然我
有些急切，想知道有了這個答案，問題就會明朗嗎？可
是是指什麼明朗了呢？我一時之間無法馬上說得清楚。
難道這些就只是源於二擇一的，男女性別，所引發的問
題嗎？這是我的疑惑。

西風說不出口的話
東風搶著說
用熱情烹煮著日子
不論是雨天
或太陽的影子
要注意邪惡心眼說出夢話
還要對躺在蝴蝶觸鬚上的悲傷
說著動情激素的可愛故事
有人說
這不是人過的

30

從經驗學習
但「經驗」是指什麼呢?

　　你說,你略過很多擔心沒說,你這一輩子都是在擔心裡渡過的。不知何時可存到手術費?不知何時可以跟父母說你的事?不知手術後會如何?甚至你不知,你要叫自己是男人或女人?你看過很多網路資訊,但是並無法減少你的擔心。

　　你說的擔心,我是無法回答的,因為正如你所說,你在網路上看過很多專家的意見了,那麼你是要告訴我什麼呢?也許你要的只是,需要有人支持你,或者這種支持也是難以說清楚的模樣。也就是,你是要著某種你也說不清楚,或者還不知道是什麼,甚至是某種覺得曾經有過,後來卻不見了的支持?

　　我面對這些疑惑,只是我給自己的疑惑嗎?雖然你始終都是意志堅定,就是要「手術」,但是這種堅定裡聽來,也充滿了疑惑。你說,你覺得我是有經驗的治療

師，這是你來找我的主要原因，但是你不知道何以需要有經驗的人？仔細想想，你說，我又不是想要變性的人，怎麼可能會有你想像和期待的經驗呢？

也許你說的經驗，就是精神分析想要描繪的暗黑，並非照進光明，就會讓暗黑馬上消失。你說到經驗，我是想到我喜歡的精神分析家比昂（Bion）的書，《從經驗中學習》，的確，什麼是經驗，就是一個很大的課題。當你此刻這麼說時，讓我突然警覺起來，這種警覺也許是必要的，因爲隨著分析治療工作經驗的累積，我必須是很自制且有強大的意志，不是爲了要證實「精神分析取向」治療的有用，而是挑戰它，讓它更有機會擴展。

這不是誰給我的任務，是我自己這麼想著，也許以後這種想法和態度也是不需要的，那才是眞正的讓自己自由。

這不是隨便說說的意志，而是我需要面對的人性，如果佛洛伊德曾經不客氣地指出來，人是不自覺地依循「享樂原則」而行動，依他的說法，這是人性，更眞實貼近實情的人性。那麼我需要回頭想想，自己的經驗累積的基礎是什麼？尤其是值得大家一起想的，當每位治療師逐漸有更長的個案群名單等待要進診療室時，治療師可能才可以宣稱，終於有更大的自由了。在等待名單的個案群裡，有了更大的選擇後，這種自由是治療師多年努力後的成果，但這是什麼成果呢？

從你的漫長努力和等待後的擔心和疑惑，讓我想起
自己多年後的自由是什麼呢？這是什麼樣的自由呢？或
者，這只是被侷限在現實裡的成功所帶來的成果裡，不
自覺地選擇那些易談，且容易有機會深度探索的個案？
畢竟「精神分析取向」這條路，是多麼難行，而治療師
終於可以有了更多的選擇後，他會選擇那些直覺上可以
談得更深的個案，或者選擇那些要花時間，處理結構戰
爭的個案群呢？

當然，可以穩定下來，可以談得更有深度的個案，
是在擴展「精神分析取向」的經驗，也就是如佛洛伊德
假設的，是屬於那些「精神官能症」的個案群。以致於
那些很難穩定，卻是會來尋找心理治療協助的個案群，
該怎麼辦呢？

如果執業的治療師得靠著個案的穩定，才有固定的
收入來維持生計，也許這和前述的想法，沒有相互違背，
也不致於無法共容。但我的困惑是，到了有更多個案的
選擇之後，會做什麼取捨？會選擇穩定一起工作的個案
群，如此生計穩定又可以幫上個案的忙？或者是我聽過
的某些說法，仍是希望可以做得到精神分析的古老訓
示，如鏡子般的狀態，讓自己是身在「精神分析取向」
的大家庭裡？

年輕剛入門的治療師，是在選擇權有限的情況下，
接受那些高難度、穩定性也不高的個案群，如果這些年

輕的治療師要跟我討論，我的經驗卻可能早就不在那些
困難度高的經驗裡了，就算我曾經走過，但是曾經走過
是什麼意思呢？就表示我現在還在那條路上嗎？要如何
面對年輕治療師的提問呢？我真的那麼相信，曾經走過
的經驗，是這些年輕治療師正面對的難題嗎？

你說，你甚至無法說清楚，自己曾走過的經驗是什
麼？但是你卻希望，要相信我的經驗，就算我是騙你也
好。你只要呈現，我是有經驗的模樣，那麼你就會有信
心走下去。

事後想想，的確奇怪，我是好奇問你，什麼是呈現
有經驗的模樣？你馬上搖頭說，你不知道啦，你只是隨
口說說，你不知道那是什麼。因為你從開始，也是不相
信我，雖然你仍持續來。你說，我是一位女人，一位曾
經是受害者，是被閹割過的女人。你卻馬上哈哈大笑說，
你是從書上看來的理論。你稍沈默後，平靜地說，其實
你是相信這句話的。不然，你不會來找我，覺得我是女
人，是位被閹割後的人。

這是你一直最不安的擔心，在你手術後，你會變成
什麼模樣？

你的說法是完全在我意料之外。依我的工作習慣，
當我發現某些在我意料之外的說法時，我會覺得，我是
不了解你的，不然我不會有意料之外的感受。有趣的是，
在意料之外才有可能持續，新的了解和新的想像。偏偏

意料之外，是多麼讓人討厭的經驗啊！我心底是有一部分多麼希望，你是可以依著心中的地圖，一步一步探索你的深度心理學，使你能夠有不同的觀點，來看待自己的人生。

但是這種想法，不論自覺或不自覺，都可能是遺忘了一件很重要的假設；「精神分析取向」的路徑要擴展的，並不是一路的深入，變成孤軍深入困局而缺乏任何奧援，雖然這常被以為是深度心理學的經驗模式。所謂的「深度心理學」，是需要有「自由」作為基礎，這種基礎是需要時間慢慢獲致的。在我們的診療室經驗裡，也同時以長遠的角度來看我們的個案選擇，是否也如同我們心儀的技術，有著「自由飄浮的注意力」？

或者，這是一種假想，還是需要持續地被經驗和述說。

你說，你一直在觀察我的反應，你要學習如何在被閹割後，仍能走下去。依你的假設是，你是主動要這麼做手術，而我是在不自覺的情況，所發生的人生經驗。

你幾乎將你的知識要強加在我身上，起初造成我的為難，我無法拒絕思索這種可能性，卻有被你硬塞知識給我的感覺，就好像你被硬塞了命根子。有趣的是，佛洛伊德曾說，小孩子對於性器官的自行摸索，是知識的好奇和探索的重要起點。你的知識和你被硬塞的命根子，卻是如此緊密，雖然你也自證了，知識無法完全處理你

那些莫名、難以了解、難以說清楚的不安。但你還是以反方向的方式，強加在我身上，好像我必須有跟你類似的經驗。

「在我介入時，有時候不得不感到我的意圖猶如脫韁野馬，任由我的理智暢快演出，當然是扮演『好分析師』的角色。扮演『壞分析師』就不是那麼愉快了，儘管兩者同樣沒有意義。不論在哪個情況下，我知道自己說的話會造成什麼效果嗎？

面對病人時，我們需要聰明嗎？這個困難的問題，需要一個聰明的答案。

分析師應該對聰明抱著懷疑的態度。我們在學習避開禁忌、威脅、未知的過程中，慢慢磨練出聰明。因此，這似乎不是通往禁忌、威脅、未知的最佳途徑。」（《從言語誕生的現實：精神分析實作三景》，頁39）

我作為資深治療師的難題是，雖然有實務經驗，但對於你突然那麼說，卻完全猜不著。你是這麼觀察我的吧？雖然我無法從你的說詞裡，確定這是你臨時的感覺，或者是長期以來都是這麼想的。對我來說，也是尷尬吧？你以如此警醒的方式，敲醒了我的侷限。

我不致於因為發現自己有侷限，就推展成我是完全無法幫上你的人。是否能幫得上你的忙，更是操之在你的心中，不是我硬要說什麼就會是那樣子。不過，這是我對自己的提醒，不然我作為相對資深且是愈來愈資深

者，可能會流於以爲自己是有經驗者，而忽略了你的困
難。你的困難，不會因爲我有經驗，就會改變得比較快
速。

　　雖然我也會假設，自己有經驗了，被我治療的個案
也會走得更快更深，只因我就是經驗豐富的治療師。我
甚至相信，這種自我期待並不會消失，而且會變成是干
擾著我的某種期待。

　　你說，其實你不曾好好信任過我。但是，你卻一直
來找我談，這讓你很驚訝，也很不解，到底這是怎麼回
事？我說，你來這裡，有一部分心聲就是，不讓簡單的
答案左右你的未來。雖然你是相信著，自己已有的「要
做手術」的答案。你馬上回應說，你不完全了解我所說
的，但是你覺得我的說法是質疑的。難道你以前的經驗，
不讓你有其它的想法？

　　我心裡想的，人世間的複雜情事，如果結論簡單可
得，不需要花心思多想一下，那可能意味著，這種結論
或許是不需要的。我是多麼希望我所說的，永遠有意猶
未盡的地方，作爲我再想像和思索的開始。這涉及我的
知識和經驗的累積所帶來的影響，誠如比昂所說的，欲
望和記憶，對於要了解眼前此時此地的某個人，有時反
而帶來認識人的蒙蔽。

　　因此，比昂提出「沒有欲望和沒有記憶」，作爲推
論佛洛伊德的說法，「分析師要如鏡子般」的指示。但

是，這些都是我們日常用語裡所謂的「境界」，這兩個字不是三兩下就可以做得到的。

　　現實上，要如何讓「理論」慢慢變成背景？「理論」讓我們了解一些事，也可能同時是防衛。例如，你說我是曾被閹割的人，因此你是以這點來觀察，我是你想要學習的對象。理論和實務上，我是相信有「閹割情結」的治療師，我也相信你會以你的方式來觀察我。但是當你這麼說時，是出乎我意料之外，對我造成了某種震撼！這些震撼是我自己需要在內心裡好好處理的，但是有時我想要直白地告訴你，其實你所說的，我也看過很多人有類似的狀況。我想說這些是什麼意思呢？

　　當我假設，你的問題就是什麼，然後我搬出術語，來讓你知道你就是那樣的人。但是人真的是如此嗎？一如你硬塞給我，「我是被閹割的人」，對我帶來的衝擊，這種衝擊包括有你對我的攻擊，也有你覺得我可能是創傷殘存者，是可以有所學習的對象。我想著，是否愈來愈有經驗後，就會覺得自己說起理論，就愈會被接受，愈會有效能呢？工作上是不可能沒有理論作為基礎，但敢這麼宣稱的人，可能是相當可怕的錯覺吧？如何使理論作為思考的基礎，而不是一直是先發投手的角色，倒是需要再細緻地想像。

　　你說，你很少相信我所說的，因為你是要觀察我的反應，而不是我所說的話。

　　你這句話,我在其他個案也聽過,但是你此刻這麼說,帶給我的是不同的刺激。我並沒有完全相信你的話,覺得你不曾相信我,雖然我也會認為,那些相信,不必然會在分析治療過程,有益於你的自由表達。但是你說的,觀察我的反應,是種提醒。

　　這是我從你那裡學習到的,我甚至覺得,是從個案的經驗,讓我有所學習,不論是對我或是對精神分析。或許有種「境界」,不論是我或精神分析都可以被拋棄,不過這是很高的境界。「境界」這個詞在精神分析裡的論述並不多,卻是我們日常裡的重要語言。這是另一件事了。我至今仍是感謝你告訴我一些事情,讓我因此有了想像的內容,雖然仍是了解有限。

　　我是直到最近,才有信心,在不危及個人資訊的情況下,嘗試談談這些重要的人性知識。我更要表達的是,我其實對你了解有限,卻可以有信心地說,在有限的了解和猜測下,這些經驗仍有重要的價值,需要以文字的方式存在下去。

　　這是我的一個旅程,是你陪伴我的內心經驗的記錄。表面上,是你來求助於我,我也認真地做著我能做的工作,有你一路上隱隱的嘲笑或者相信,但是不論嘲笑或者相信,都是過程裡的推動力。沒有這些光,以我的知識,我相信無法走到任何有景色的地方。

　　你說,你還是茫茫然,不知道手術後會怎麼樣?你

再說，甚至連你要當女人或男人，都還在徬徨中，更不知道手術帶來的問題，如何排解？而你的徬徨，讓我知道生理性的陰莖，和心理認同上是男人或女人，這是兩件事，至於是平行的兩件事，或者相互交纏的兩件事？這還需要更多的觀察和了解。

後記──

　　猶豫再三，還是決定談談某次會談結束後，你站起身，看著我，好像有些什麼話要說。我只是點點頭，我想你知道，我是示意你，下次再談了。你好像有話想說，但很快就放棄了。當你關上門後，我突然有種預感，你可能不會再來了。你把診療室的門關上了，雖然這次會談的過程裡，我一點也沒有感覺到，你可能不再來了。後來，的確你不再出現了。這是你在我的診療室的最後一次，在一起工作兩年多的過程，我雖然偶而會覺得，你是可能會不再來這裡。

　　但是這一次，我卻毫無所覺，我真的錯過了什麼了嗎？說實在的，我毫無所知。也就是，我的確有錯過什麼重要的訊息，不是你以語言直接說出來

的。也許你在離開前，是想要把它說出來。卻因我的毫無所覺，而真的錯過了。雖然就算你後來說出了，是否你就會留下來？我也沒答案。我處在這種不知怎麼回事的感覺，這更讓我覺得，我不能說對你是毫無所知，但最後這個結果，卻是在我毫無所知的情況下發生。而我是這種情況下，再回頭思索過往的種種想法。

因此我無法說，這些文字是在完全了解你的情況下的想法，應該說，是我在不了解的情況下，所做的事後的思考。我覺得有必要跟讀者說明，以免讀者誤以為這些想法，是在表示我了解個案了。如果三十章的文字，只是在重複地述說，我其實不了解你，我也不會覺得是個誇張的說法。但我並不會因為我不了解你，就要推翻在這兩年多的過程裡，所可能產生的一些隱微，卻仍難以言喻的影響。因為我也很難相信，會毫無改變，因此也可以說，這三十章的文字，是試圖接近那一些些的影響。

至於，在一年後，你再度和我聯絡，這是另一個故事了。

電話中，你帶著一些勉強的笑聲說，你已經完成了手術，你想要再來見我，跟我談談。我聽起來覺得，你並不是只要來跟我說，你已經手術，一切都美好了，因為如果要告訴我這個訊息，你在電話

中說就好了，或者說，你是要來感謝我就可以了，
而不是說，你想要再談談……

路過小時候的故事

曾經每天來回公路局班車

不是遠方人的日常了

有一天

鄰座叫著被忘記的小名

時間召喚一群蜻蜓的夏天衝過來

他說逃兵中

每天坐在圍事門口的椅子上

有三餐和檳榔和幫忙買煙的小費

還多了童年沒有的宵夜

我下車時

他繼續坐往有終點站的公路局

我臨走時回頭

叫他小名

要轉車去北方不知道的地方

雜 / 文

　　以下五篇文章，是一系列以「詮釋」爲技術核心之外的探索，試試還有哪些技藝值得思索？兼論及精神分析的視野，從歇斯底里、焦慮、憂鬱，至自戀型和邊緣型個案，對理論和技術變遷的衝擊。這五篇系列文章只是初步論述和想像，等待未來將會另有專書，持續探索這個有趣的課題。

　　我先以恐龍的存在爲例，來談「潛意識」是什麼？它是可怕或可愛，光明或陰暗？我們先試著想像，何以有的恐龍被塑造成很可親？憑什麼塑造出一隻恐龍的模樣呢？只因爲知道它是死的，因此就覺得不恐怖嗎？但如果不恐怖，何以是可親，甚至覺得可愛？是誰讓它們如此可愛呢？何以也有某些恐龍被塑造成是壞人可怕的模樣呢？

　　「潛意識」只有以前的故事和感受嗎？如果它是過去的經驗，意味著是死掉了還是一直很活躍？何以一般人都接受有「潛意識」的存在，但是當某項特殊行爲被公開指出，有「潛意識」在背後作用時，人們常見的反應卻是很生氣，覺得被對方誤解了？雖然你覺得你已經說出了全部，卻被當作是在騙人，沒有老實說出實話；這是誰在發聲呢？是你自己或是那隻恐龍在作怪呢？

找回恐龍了，然後呢？：
潛意識是被建構出來
或被發現？

恐龍跟潛意識有關係嗎？

恐龍跟潛意識有關係嗎？乍看是不相干，不過我嘗試要讓它們發生某種關係，並以恐龍被發現和發明出來的模樣，來談論潛意識的課題。我無法回答，為什麼恐龍這麼巨人卻消失了？且因為這樣，讓很多人，尤其是小孩子更喜歡恐龍。也就是喜歡巨人的動物，但是它也會消失滅亡；難道這裡面藏有小孩對大人的恨意，卻以喜歡恐龍這個現象來表達心情？各位可能覺得我只是亂想，我不會否認這種評論，不過除了亂想的評論外，我們如果願意多想想，多猜猜這是怎麼回事，也許就會更了解潛意識可能是什麼。

我要先聲明前述說法是我的猜測，我不會把它當作一定是這樣子，甚至我原先要引用恐龍作為例子，是想讓各位知道潛意識是什麼？由於它是一個無法直接觸及

的領域，我們只能使用象徵和比喻來說明它、貼近它。
但是無法說，我們所說的就一定是它。這就是我要用恐
龍的模樣來說明潛意識的理由，請各位慢慢消化我想要
表達的。

首先，是關於佛洛伊德和精神分析的名詞，我相信
其中很多已經變成是常識了。一些語詞，例如「潛意
識」和「夢的解析」等等，常出現在一般人的言語裡，
在媒體也是常見的。各位可知道，《夢的解析》在1900年
出版時，起初也是賣不了幾本書呢！佛洛伊德在1915-
17年於維也納大學對一群醫師上課的文章，集結成《精
神分析引論》，前四章談論生活上的口誤和筆誤等，就
是要說明什麼是潛意識，真的有潛意識存在！

不過，是不是這就表示目前對潛意識的理解，有貼
近精神分析或精神分析取向心理治療（以下簡稱『分析
治療』）的實作經驗呢？其實不然，我舉個例子來說明。
當社會發生傷害他人的重大事件時，如果當事者說他是
很愛對方，但不知何故反而傷害了對方，這種不知何故
的說法會被解讀成，是當事者的潛意識作用的緣故。

也就是潛意識被當作是不自覺、不知何故、不由自
主、不可思議等說詞背後的代名詞，基本上這個假設是
有它的道理，因為，的確在人類行為的背後，是存有某
種不被大家意識到的內容，卻實質左右著人類的行為。

不過我要指出來，對於前述說法，有兩種完全不同，

甚至相反的使用方式，反映著一般人對於精神分析和潛意識的想像，和目前精神分析取向實作者之間是有落差的。例如，有人犯了案，推說自己不記得了，不是故意的，是潛意識的作為。或者有另一極端的說法是，潛意識的說法只是託詞，是為了逃避現實的責任。

　　這兩種說法都存在目前的社會裡。首先我要澄清，如果是涉及法律問題，另有其它的法律評斷要件；判斷犯案是否屬於潛意識，這完全是法官的裁量權。不過，是否某些傷害行為屬於潛意識的作為，就可以免除刑罰？我是依循佛洛伊德的觀點：精神分析是要遠離司法。雖不是一定不能處理司法相關的案例，但是涉及量刑的課題時，需要遠離這種權力。何以需要遠離這種權力呢？難道不想幫助有困難的人嗎？這是難題，因為涉及了一個很重要的區別，那就是什麼是「歷史事實」（historic truth）？什麼是「心理真實」（psychic reality）？

歷史事實和心理真實

　　歷史事實，是指具體的人事物的跡證，這常是法律判斷的依據。對於精神分析來說，當我談論潛意識時，是針對心理真實。心理真實，是指心裡主觀的感受，如果當事者覺得是什麼感覺就是那種感覺，雖然客觀上可能相反。心理真實的存在，才是精神分析的主要工作場

域。也就是，精神分析從當年探究失語和歇斯底里等症狀後，走出來的方向，就是以探究歷史事實和外顯症狀之外，是否另有其它的因子，影響著人的行為和心理感受？

心理真實的潛意識領域，並不是五官看得見的場域，那麼宣稱是精神分析師或精神分析取向心理治療師（以下簡稱『分析治療師』）的人，是如何得知個案的心理真實？依佛洛伊德所創設，至今依然被運用的是，靠著精神分析師或分析治療師的想像和猜測。因此問題來了，既然只能是想像和猜測，我們當然無法如歷史事實般，證實心理事件和心理殘跡一定是怎麼樣。

有人會因此而質疑，精神分析就只是猜測和想像「潛意識裡的心理真實」，那不是太主觀嗎？是啊，是這樣的，是主觀的，但是人要宣稱了解另一個人，也只能靠自己，而不是靠機器，既然只能靠人就無法避免主觀的成份。

這是人在外在現實上的侷限，不過，對佛洛伊德和做著類似工作的我們，從實作經驗來說，我們相信這種現實的侷限，正是精神分析開始的地方。不可否認的，就算不同意精神分析觀點的人，都無法否認精神分析在各個領域，如文學、藝術、社會學的重大影響，而且這種影響至今仍存在。

我們自知是主觀的工作，因此需要長久的訓練，以

及自知是主觀的過程，因此不會盲目宣稱自己是客觀的，
說自己很有經驗，然後要個案一定要怎麼做和怎麼想。
至今在精神分析領域裡，大家仍在尋找理由，何以在診
療室裡只要個案能持續，是可以慢慢發現個案的蛻變。
至於蛻變的原因和細節，仍是在探索中的命題。有些像
精神科藥物對個案的症狀有某些療效，但是何以有療效，
至今仍是研究中。

談話式治療的記憶

　　另外一個重要的事實是，在診療室裡進行的談話式
治療是精神分析的基礎，我們藉著談話作為分析和治療
的工具。我們只能在談話裡得到相關的訊息，但是若加
上潛意識，就表示有些事不是直接被說出來。我們透過
個案的記憶，描繪曾經發生過的事件，也就是，當我們
只能透過個案的記憶來述說故事，並從故事推論潛意識
的原始動機時，是受限於記憶的缺陷，以及語言本身的
侷限。

　　我先說記憶的缺陷。記憶的特色是有缺陷，不可能
記得每個時刻的所有事。尤其是生命早年受心理創傷的
小孩，當他們長大後，走進診療室談論當年的經驗，在
接受分析治療的過程，那些記憶常是「島狀記憶」，一
塊一塊區域的記憶。有些事記得多些，有些完全沒印象，

記憶可能隨著時間變化，當事者對於當年經驗的解讀方式變得不一樣，會不自覺地修改和增刪原有的記憶。

不過，精神分析並不認為，記憶有前述特色就表示記憶的材料是不可運用的，對精神分析來說，這些記憶仍是有用處，但是運用的方式不再是照單全收。關於這點，台灣的法律也見證了這種改變，以前常以口供作為主要證據，除了可能刻意的扭曲外，記憶會有前述的特色，讓記憶為基礎的口供價值是降低了。雖然就檢察官辦案來說，就算是扭曲的記憶，也可能有它的價值而有利辦案。

如同精神分析的經驗，記憶的扭曲或島狀化，缺乏明顯相連的情況，正是需要藉著分析治療師的想像和猜測，才能逐漸連結起來。雖然是分析治療師主觀的臆測，但對精神分析取向來說，並不是如催眠術的暗示或建議，要個案接受這些連結和想像。臨床上有趣的現象是，當個案持續在這些連結上打轉思索，後來會漸漸更自由，不再只在原本的一兩個想法上打轉。然後個案也可以更自由地想像，依自己的想法和猜測做連結，不必然照單全收分析治療師所做的想像和連結。

也就是這樣子，個案在分析和治療的過程裡，逐漸能夠自由聯想，讓自己對於過去、現在、甚至未來，有更多自由的想像和假設。有了不同想法和解決方案，原本的問題就被修改了。這個過程乍看是如此，但是在細

節上，潛意識裡是如何達成改變的？這是值得探究的人性謎題。

說故事是否能完全說清楚當年

關於記憶和說故事，是否能完全說清楚當年是怎麼回事？更重要的是，外來的傷害在小孩心理創傷的樣貌是什麼？並不是如一般教科書說的那般一致，常常是相當個人化的經驗。心理創傷的個人化經驗另有一個侷限，是來自於語言的不足。在年紀小時，詞彙的表達能力尚未成熟，要用後來習得的語言來翻譯當年複雜的身體和情感經驗，不是一件容易的事。這是語言本身的侷限，當人們只能運用成人語言，回頭嘗試描繪生命早年的經驗時，在理論上是有侷限的，有些經驗是成人語言無法到達的領域，也就是，後來怎麼說都說不清楚的經驗。

並不是意味著要放棄述說！我是說，語言有它的侷限，如果不說明這種侷限，很容易被誤解，以為人們就是在回味，說著的當年就是當年。事實上，忽略了能被說出來的當年，除了記憶的侷限外，也有語言本身的侷限，有些記憶甚至是後來不自覺地加進去的。不過，這些侷限是個起點，精神分析是以猜測和想像起家。我以很多人喜歡的恐龍世界比喻，來說明前述的侷限裡，人會如何發揮創意，建構出一些可能性。

我們記得的生命早年故事是片片段段的，早年蒙受重大心理創傷者，記憶更是如島狀般，類似人類考古學家在考古場地，挖掘出來的小碎片陶瓷或其它素材，或者如被挖掘出來的恐龍骨架。不只考古學家，一般人也不會甘願將挖掘出來的碎片或骨架，只是零散地放置著。他們會想依著科學的推演，或依著想像和推測，將恐龍骨架拼湊成，我們後來在展示場所看見的樣貌。

我們努力從個案所說的島狀記憶，加上觀察和心理感受的推論，想要拼湊個案在生命早年心理真實的樣貌。甚至會希望那就是歷史的事實，類似恐龍的研究者，憑著考古現場和其它場域的發現，相互比較和推論，來架構恐龍的模樣，雖然只要其中有兩塊骨頭相接的角度差個幾度，就可能會有不同的樣貌了。就精神分析來說，憑著個案所說的島狀記憶和臨床觀察的推論，分析治療師試圖建構出當年的可能樣貌，例如，我們推論說個案有伊底帕斯情結。

推論說個案有伊底帕斯情結

伊底帕斯情結所描述的三角關係，是一般人很容易理解的現象，因此會被誤解這個情結也是容易辨識，反正只要看見某人對父母有複雜的三角情緒，就可以說他有伊底帕斯情結。其實，這個情結是枝枝節節拼湊起來

的，它的模樣有些像恐龍骨頭，被拼湊成恐龍的模樣後，再加上想像的肌肉和皮膚，甚至給予它表情和情緒。這是依當代所擁有的知識和想像，所拼湊出來的恐龍，但沒有人可以百分百確定，當年恐龍就是我們眼前的模樣。以精神分析的說法，是藉由一些殘跡，建構出早年的模樣或情結。

不同的是，伊底帕斯情結是個受苦的創傷經驗，後來被感受或建構出來時，當事人很難覺得高興。不過，恐龍被給予了不同的命運，牠們都已經衰亡了，但是人家喜歡被建構出來的可愛恐龍，雖然有些恐龍的皮膚和紋理質感是令人害怕的。建構的過程有一些理論作為基礎，但牠的可怕或可愛的情感模樣，就絕對是建構者的猜測了。

重點在於，依當代觀點和情感所想像建構出來的恐龍，是以目前的樣貌繼續活在人們的心裡，變成一種心理真實的經驗。就歷史事實來說，牠早就衰亡了，我們根本無從驗證目前所見的恐龍是當年模樣。也就是，當我們說伊底帕斯情結時，殘餘的記憶內容就只是一些骨架，但是依著我們的想像，賦予了肌肉、皮膚、紋理和情感。

以恐龍為例，建構出我們所見的模樣，根據的是目前還存在的某些動物的樣貌，就算是如此，雖然好像有科學依據的對比，但也是被選擇出來的因子。依精神分

析家比昂（Bion）所說的:「被選擇出來的事實」
（selected facts）。這些在島狀記憶裡被挑出來當作是重
要因子,其實都是潛意識所運作的挑選。這些被挑選出
來當作是記憶,就是比昂所說的:「被選擇出來的事
實」,我們再依這些材料建構早年的某些故事。這些「被
挑選出來的事實」,就像是在考古現場被找出來的骨架、
碎片、紋路和空間位置等等。

佛洛伊德形容「潛意識」這詞時,說它是形容詞,
也是名詞。因此我們可以說,「潛意識」如果是形容詞,
是指使用這詞來形容我們不自覺、不自知、不可思議等
現象;如果是名詞,意味著它有實質內容,有作為名詞
的內容物。如果是名詞,就涉及前述的種種猜測和建構
了。例如,佛洛伊德在《達文西和他的一個童年記憶》
（Leonardo da Vinci and A Memory of His Childhood,
1910）,憑藉著達文西的一個記憶片段:「一隻鳥用尾
巴撐開他的嘴巴,他躺在搖籃裡」。佛洛伊德研究了達
文西的其它文獻,偵探般運用他所獲得的資料,加上他
的拼湊和想像,寫出了相當長的篇幅,描繪達文西和母
親間的可能關係。

生命早期心理史

也可以說,就算是相同的資料,但是如何加進一些

想像，編織動人的故事，或者發現什麼真相，一般人和神探福爾摩斯是有所不同。福爾摩斯是小說，是被編織出來的人物，但是當我們以他的名字，來形容神探般的能力，這個被編造出來的名字，卻比我們的名字更生動，表達了日常生活裡的某種現象和跡象。我們都知道那是小說的人物，但是不會影響我們以他作為比喻，來談論我們感受到的某些真實人生。也可以說，福爾摩斯活在眾多人們心中，比我們的名字還要更鮮活呢！

例如，在莎士比亞的劇本裡，那些英國國王，如理查二世、理查三世、亨利四世、五世、六世、八世的模樣，遠遠比實質的歷史人物更加生動。或者說在心理上，這些劇本構成了某種歷史事實，我不是說我們現在要刻意形塑另一個自己，而是人在回憶早年的自己時，如同有個不自覺的自己，作家般裁剪過去的記憶。這個內在作家的特質和運作方式，精神分析是有一些語詞，例如，超我、原我、自我等，來代表衝突妥協後的樣貌。

佛洛伊德在談論達文西的文章裡，如前所述，以達文西的島狀記憶作為出發，佛洛伊德做了相當細膩的想像和推論，試圖呈現和建構達文西在早年時，和母親互動的心理狀態，並推衍達文西和年輕男徒弟們的關係；達文西彷彿變成了自己的母親，而年輕男徒弟就是他自己。這是結論式的描述佛洛伊德的說法，在當年是具有震撼作用的推想，但在目前已經成為一般常識了。要理

解它並不是那麼困難，不過更重要的是，佛洛伊德推論過程的細膩。

晚年的文章《在分析中的建構》（ Constructions in Analysis, 1937）提出的想法，佛洛伊德已經實踐在《達文西和他的一個童年記憶》裡了。他藉由成人的分析治療過程，建構個案在生命早年的心理史。這裡的心理史是專指潛意識領域，或接近目前流行的說法，所謂「內在小孩」的概念，雖然這對精神分析來說，是一個過於簡化版的說法。

當精神分析談論原我、超我，或者客體關係理論談論嬰兒的客體對象時，是指部分客體（part-object），不必然是完整的客體（whole-object），例如完整的母親或父親，而是他們的某些部位、某些特質、或者嬰孩特別感受到的某種印象等。「內在小孩」的比喻像是一個完整小孩在心中，這種說法是容易被理解，不過和臨床過程裡片斷碎裂的客體經驗，卻是不全然符合的比喻。

另外值得一提的是，佛洛伊德當年使用某些島狀記憶，加上當事者其它資料，推想建構出來的生命早期心理史，在當年是個創新的角度，讓一些微不足道的記憶和經驗，仔細推敲出不少言外之意，甚至還有某些重要的跡象呢！佛洛伊德所架構出來的模式，如果我們現在還只是直接搬過來運用，反而容易變成被大家詬病的現象，好像人生最後的結論，都已被分析治療師所掌握了：

就是當事者當年有失落創傷，後來有了某些精神官能症狀，或者是某種特定的人格狀態，然後因為這些症狀和人格，而擁有目前的成就和模樣……。

技術上，還需要處理很多細節，例如移情

前述的分析還是當年具有創造力的精神分析嗎？或更大的疑問是，這真的是精神分析嗎？運用精神分析的知識作為基本常識，然後以這些基本常識套用或挪用在每個人身上，或推論每位創作者都有早年的創傷和失落，他們的創作成品都有精神官能症和人格的某些特徵。甚至說，成因是那些早年經驗，所以有精神官能症和後來的創作品。其實，我懷疑這是否為精神分析呢！是否只是以精神分析的基本術語，塞進個案或創作者人生裡，變成了某種暗示？如果是這樣，其實更像是催眠術。佛洛伊德當年的分析，至今仍有重要的參考價值，至少在臨床實作過程裡仍是有效的想法。所謂「有效的想法」是指，仍是臨床上可以看得見的現象，以現有理論來說明某些現象仍有它的存在價值。

但是臨床實作，不是只告知個案關於精神分析的一些術語，就叫做精神分析或分析治療。在技術上，還需要處理很多的細節，例如「移情」，才是臨床實務的觀察和處理重點，不過限於主題不在這裡論述。另外，涉

及一個很基本的課題，在診療室或一般人際關係裡，現有的精神分析語詞，都是指潛意識層次的內容。也就是，本質上是有受苦的特質，依附在這些語詞所表達的經驗裡。但一般人理解這些語詞時，大都只針對它的外顯意義和概念，是帶著情感經驗的隔閡來理解這些術語。

因此在分析文學藝術文本時，可以清晰地以這些術語，來分析其中的人物和劇情，但是只要涉及分析創作者本人，或者分析診療室裡的個案時，這些語詞的浮現和它的意義，就不再只是傳遞字面意義了。除非我們完全不相信有「言外之意」，不然只要相信可能有「言外之意」，那麼人和人在談話時，互動細節就值得再觀察和想像了。

稍有精神分析取向臨床經驗的工作者，很快就會體會到我上述的說法，也就是，當分析治療師說出一句很清楚的話時，在臨床上常見的是，個案在行為和症狀上出現重複狀態，影響生活層面很廣，因此容易被看見。分析治療師會以為，這是屬於精神分析某個術語可以運用的範疇。那麼，會輕易的覺得，只要說出這些浮現的語詞就是分析個案，就表示是分析治療師了解他們了。

以上說法是最理想的假設，但是實情並不然。影響廣泛且容易被看見的問題，在理論上，是生命愈早期的創傷經驗，雖然行為上容易被看見，卻是個案自己最不願看見，也最不願讓他人看見的部分。由於早年創傷經

驗的影響，在行動上，無法有效的克制和掩飾，但是這
並不意味著，他們就願意被看見並被赤裸裸指出來。一
般來說，當事者當然會本能地防衛，再次將創傷蓋起來
而且蓋得更緊密。

個案的移情和治療師的反移情

我不是說，分析治療師不該清楚說出來，而是需要
觀察並且推論表面現象的潛在意義，這更是重點。回到
臨床來說，不只是「該不該」說出來的命題而已，就像
醫療用藥不可能只考慮用藥效果，卻全然不顧藥物的副
作用。分析治療和精神分析的實作，也會有作用和副作
用，不是以為看見了就直接說出來才是坦誠。這是簡化
看待診療室裡，個案和分析治療師之間存在的，明顯或
隱微的關係流動。

以術語來說，就是個案的「移情」和分析治療師的
「反移情」的相互影響。如果個案潛在的移情，認為分
析治療師只是要佔他便宜，他必須要保護自己，避免如
同當年他信任的家人傷害他。這是潛意識運作的移情現
象，在這種情況下，分析治療師以為可以直說的話，放
在當刻關係脈絡下，卻可能變成了再次傷害，或者讓分
析治療師無形中變成了加害人，以難以說出口的創傷經
驗重複攻擊個案。

　　並非一定會是這樣子，只是在臨床實作的過程，面對的是活生生的人，不是無法回應的小說或藝術創作。如果一再搬出那些顯而易見的語詞告訴個案，那會是在溝通，還是攻擊呢？也許兩者功能同時存在，只是作為分析治療師得注意，個案是否會認為是被攻擊了？個案是否有如此感受，得看分析治療師能夠察覺多少這些情況。分析治療師對於個案的移情，會產生某些不自覺的回應，這些回應，包括感受和行動，構成了反移情。所謂「反移情」，並非和個案的移情相反的意思，而是分析治療師潛意識地回應個案的移情，並不是有相反或反擊的意思。

　　我以恐龍被建構出來的例子來說明，移情裡有些情結或者某些被當作是重要發現，這些發現的內在意義和情結，都是結合殘存的記憶以及後來的行為和感受，一起建構出來的。像恐龍的建構那般，藉由一些殘存的跡象，加上結合研究者的想像，包括想像當代人的感受，讓恐龍的樣子，一如閹割情結下，想找回以為曾擁有的陽具，而建構出想像的模樣。因此臨床實作裡找出早年的情結，如同找回了恐龍，然後呢？

　　對比想像情結的呈現，如同獲得了一隻恐龍，牽回家的過程會遭遇什麼事呢？也就是，以前的人事物原本是零散的記憶，當它們被具體化成一個情結時，當事者對於這個具體但陌生的情結，會有什麼反應？當事者原

先想知道的故事，得到預期的答案後會如何回應？

臨床實作過程裡，我想像的可能反應

　　他牽著恐龍走，自己愈來愈變成恐龍，回到家時，卻發現自己進不了家門，家太小了，他只好出門尋找更大的家。

　　或者愈走愈小，回到家時，他變成小孩子，到底孩子或恐龍才是以前的自己呢？

　　或者走到家門口前，他的大人身體碎成一地，恐龍才是他。有人開門前，恐龍聽到：「回來了喔，進來吧。」恐龍一隻腳剛好塞滿家門。

　　或者他牽著恐龍回家，心裡不安，他一直想要這隻恐龍，看見它後，卻開始懷疑真的是他要的嗎？但不能說「這不是我要的」，因為先前對於治療師描述他以前的模樣時，他已經生過很多氣了。因為治療師說的，根本就不是他以前的模樣，他小時候怎麼會如一隻遠古時代的恐龍呢？太不可思議了，不過相對於考古現場破碎的瓶子或盤子，他是更不想當那些破破碎碎的東西呢！

要了解另一個人時的困難所在

　　當個案被形容有某種情結時，前述比喻是需要藉著

想像和臨床現象相連結。前述這些反應是常見的，只是臨床上，不必太快就判斷個案是屬於哪種情況和情結。

我舉這些例子是想要說明，不是指出什麼情結就表示是在做分析治療。因為就精神分析取向的實作來說，分析治療過程大都在觀察和處理個案的移情，這些想法和理論佔據著精神分析文字的大部分內容。因為個案對分析治療師的移情，常反映著個案將早年的某些情結，不自覺地實踐在治療師身上，這是臨床常見的現象，但對個案來說，是很困難辨識出來的過程，尤其那些受苦和受創的經驗。

對有經驗的分析治療師來說，也常是撲朔迷離的過程。反而很快就覺得是什麼，一定是什麼時，容易更遠離了解個案的機會。就精神分析取向的實作來說，需要訓練的是如何在保持想像，不要太快下結論的情境下，和個案仍保持持續的互動和溝通狀態，這才是更大的難題。通常不是大家以為的，一眼就看清楚的現象。

實作過程不只是談論精神分析重大發現的術語，例如伊底帕斯情結、戀母情結、戀父情結等，而是個案如何投射到治療師身上，愈創傷的情境需要花更長的時間才能夠看清楚，在情感和認識上，是有深度厚度的細緻過程。

或者相反的，愈容易一眼就看清楚的問題，但問題存在於生活的多重層面時，表示那是愈困難探索的課題，

也是愈困難讓個案接受另有其它潛在動機和感受。如同
人類學家在考古學現場，大部分的工作是細緻的處理、
記錄和分類這些碎片式物件。

　　通常個案投射在分析治療師的移情，也是這般片片
斷斷的訊息，治療師如果只依理論而走太猛，很快就下
結論是什麼情結，有可能像一位不稱職的考古學者，只
靠部分的考古物件，就依理論說那是什麼。畢竟，冒然
以理論塞進個案的想法裡，就變成理論先行於眼前的人，
反而讓了解變成只是偶爾湊巧發生的情況。雖然人和人
之間，要談真正的了解和被了解，雙方同時要有這種感
受，並不是容易的事。

　　　潛意識是什麼？就像什麼是小時候，什麼是小
時候的記憶？什麼是記憶中的小孩？說出來的小時
候，是對某人說出來的小時候，是在特定時空裡對
某人說的小時候。什麼是在特定時空對分析治療師
說的小時候？是由說出來的記憶和想像，構成了潛
意識的內容？除了說出來的部分，那些言外之意，
或者難以言語觸及的部分，則構成了潛意識裡更深
層的領域？

　　　可以簡略的分類。在潛意識裡，有一些是言語
無法直接觸及的領域，是以佛洛伊德所描述的「本

能」的方式存在，如「性本能」和「死亡本能」，或後來的客體關係理論者假設的「主動尋求客體的關係」也是一種本能。

其它被說出來的故事和記憶，大都是本能派遣出來的象徵物或代理者，或是我們語言裡所說的「分身」，而本能是「本尊」。但就算是分身，我們得發揮想像和猜測，才能連結這些片斷的分身，來推論本尊是什麼？

至於精神分析建構個案生命早年心理史，涉及內在心理各個代理者的妥協，包括治療師和個案之間，經由會談而逐步形成的想像和猜測，畢竟任何心理的建構，都是各項因子相互妥協的結果。對精神分析來說，就妥協的結果再回溯深究，內在有哪些因子在運作，透過什麼心理機制達成呈現出來的妥協？

因此事後被建構出來的童年，也是大人們內心妥協的結果。誰能真的知道孩童想什麼，要什麼呢？這是謎題，不是不重要，這命題如果拿到社會層面來說，就涉及了各方大人們的假設和投射的妥協結果。具有理想性的人可能不喜歡「妥協」的說法，但這是人類生活實情的一部分，反映著我們如何對待自己，包括過去、現在和未來[2]。

2.本文是2017.11.10，15:10-17:00，我於台中中國醫藥大學的大一通識課程的講義。為了放進本系列論述和其它文章有聯繫感，因此略微的修改。

路過小時候的故事

烏秋喜歡成群

安安靜靜

站滿野外電線上

攔截夕陽吐露的心事

麻雀獲知太陽一念偏心後

懷著受傷的感喟

呼喚朋友聚集在屋簷下

吱吱嘻嘻

嚴肅商討昨天未完成的劇本

準備和烏秋在黑暗裡論戰

誰的舌頭深處有天空

掛滿字典裡的詞彙

精神分析取向的技藝地圖：
「詮釋」之外的想像

　　本文提出另一個比喻，來談論精神分析的技藝裡，除了「詮釋」之外，我們還值得再注意什麼？我先從佛洛伊德談論症狀形成的角度，以及精神分析的「詮釋」談起，這對個案如同只是在飢餓時拿菜單給個案，或者像是消防隊員救火時，只拿走桌上引起失火的油燈就離開了現場，而不管起火的房子一般。這兩個是重要的比喻，但不是要推翻「詮釋」在精神分析技術裡的核心地位。我另有比喻來參與精神分析技藝的想像，以及這些想像如何呈現在目前的臨床實作裡。

　　我舉出的比喻是，如果面對以矛盾衝突作為戰場的個案，他們的問題的真正發動者，是空虛或空洞的自己，那麼「詮釋」是否會是像在空洞的牆壁上，留下書寫的美麗詩句，傷感卻依然空洞呢？涉及的問題在於，這是生活和移情的戰場上的矛盾衝突，或是來自坐陣在後方卻發動爭戰的空虛的自己呢？

兩者在處理的技藝上，需要有不同的方向嗎？這些不同反映著什麼樣的心智結構呢？因此，我兼論佛洛伊德在《哀悼與憂鬱》裡開展的新思緒，以及其有所不足的地方，例如，對於ego和self的分野，以及這種分野的影響。

先從佛洛伊德說的兩個想法談起

先從佛洛伊德說的兩個想法談起，並讓這些源於古典精神分析的經驗，擴散至精神分析取向心理治療（以下簡稱『分析治療』）。首先，如果個案處在症狀裡，是如同飢餓和不安的狀態，精神分析取向心理治療師（以下簡稱『分析治療師』）在這種時候，詮釋個案的不安症狀的背後動機和意義，彷彿只是送給個案一份精美菜單，雖然個案是處於飢餓狀態。何以佛洛伊德會以菜單和飢餓狀態，來比喻處於有精神官能症狀態焦慮不安的個案呢？

飢餓的比喻，是否潛意識地反應了佛洛伊德不自覺的觀察和感受？如果是以焦慮不安、矛盾和衝突的詮釋為主的話，這隱含著佛洛伊德覺得另有更深層的飢餓，才是更重要的問題？佛洛伊德後來的理論和技術，圍繞

在詮釋伊底帕斯情結的矛盾衝突，那麼潛在的飢餓是指什麼呢？佛洛伊德覺得那不是以詮釋可以奏效，這是什麼意思呢？是否佛洛伊德的飢餓比喻，在無意中預示了，後來精神分析增添的不同視野和技藝？

不過，從佛洛伊德的菜單比喻來說，意味著「詮釋」的技術在某些時候，不是個案所需要的。從佛洛伊德以降至今，「詮釋」仍是居於重要位置的技藝，雖然不同的治療師可能有不同程度的強調，甚至就算強調「詮釋」是核心技術時，如何執行，就涉及每個人對於什麼是重要的事，要如何向他人表達也有不少差異性。這是重要的事，要一起來注意，每個人都有不同的表現方式，如同某些母親覺得天冷了，要小孩穿上足夠保暖的衣服，在學校不能隨便脫掉。不同的母親會有不同的表現方式。這是精神分析的多元性，是特色，也可能是帶來爭論的所在。

佛洛伊德的第二個說法是，精神官能症的出現就像是起火的房間，個案來尋求分析時，就像是找來的消防隊員，進了房間後，只帶走了傾倒的油燈就離開了。這個比喻是什麼意思呢？至今在臨床實作裡，它仍是有用的比喻嗎？

佛洛伊德和現今的精神分析，在理論上仍然主張精神官能症的心理學成因，是內在世界裡的矛盾衝突協調出來的象徵或代表物。也就是假設有深層的動機，例如

性本能和攻擊本能等，作爲推動的力道。只是這些動機
會受到一些監督者的影響，而部分地修改後再表現出來。
精神分析取向的主張，和目前的生物精神醫學的主流不
太一樣，不過我已在其它文章多次提過，沒必要將精神
分析和精神醫學的論點變成是對立的，兩者間是如佛洛
伊德比喻的，如同解剖學和組織學的差異。

拿掉症狀是什麼意思呢？

當我們主張精神分析取向的思索時，當然也會遭遇
到抗拒，例如前述的焦慮不安和抑鬱等現象時，個案可
能只是期待趕快拿掉這些症狀，因爲在意識層次的感受，
他們的確是深深受苦於這些症狀。但是精神分析取向的
假設，這些症狀可能另有潛意識的起源，才會有佛洛伊
德描述的，消防隊員來救火時，如果只取走引起火災的
源頭——傾倒的油燈，卻忽略了整棟已經著火的房子，
這是奇怪的作法。他的意思是，油燈是起火的根源，而
對個案來說，他目前正覺得問題是來自於焦慮不安和抑
鬱，如果能拿掉這些症狀，如同拿掉油燈般，那麼問題
就解決了。事實真的是如此嗎？

其實這比喻有更大的難題，如果這些症狀的源頭是
性本能和攻擊本能，它們被當作油燈，但是臨床上真的
拿得走這些本能嗎？

　　佛洛伊德是嘗試說些不一樣的觀點。他覺得拿掉症狀，就只是拿掉已經造成大火的油燈而已。這種比喻只是佛洛伊德處理事情的完美期待？或有它的臨床現象來支撐呢？依我的經驗，在診療室裡，拿掉某些主訴症狀後，原本的問題依然存在。雖然這些問題，例如，人際關係不好、爭吵之類的，起初被當作次要的問題，並且相當常見的，會以其它的變型樣貌再出現。我也認同佛洛伊德這種主張，假設精神症狀的形成，是有我們尚未全知的潛意識過程在運作著，是要在這種主張下進行觀察探索和發展出處理的策略。

　　以上觀點和精神醫學診斷條例的分類，以及生物學致病因子的主張有些不同。例如，如果只從精神醫學診斷條例來看，目前被割切分類的精神官能症，對於精神分析來說，都是傾向假設潛在裡有相同的心理學起源，因此當某個症狀被解決了，但如果觀察起來，個案的潛在問題仍存在時，後續再出現的那些症狀，於精神醫學可能是不同的診斷名稱，也就是說，可能被當成是其它因子造成的另一種疾病。但是從精神分析的角度來說，卻可能是原本的起源或叫做「病根」依然存在，只是它們另謀出路來呈現症狀。

　　這樣的觀點仍值得再持續觀察，也是佛洛伊德的比喻，消防隊員來救火，只取走傾倒的油燈的臨床基礎。從佛洛伊德的模式來看的話，個案抱怨焦慮不安和抑鬱

時，其實，他整個人已經處在這種狀態了，不是只有症狀而已。技術上，是否完全不管個案此時深感不舒服的症狀？但是不舒服本身除了症狀所引起的外，是否另有其它因子，更是造成不舒服的緣由？

就臨床來說，不可能完全不理會或硬要以我前述的比喻和例子來說服個案。經驗上，個案是不太可能被這些說法給說服，有些分析治療師可能因此感到挫折，覺得治療走進了僵局或死巷裡。簡略的說法是，除了等待和塑造可以詮釋的機會外，是需要一些溝通和交流，讓關係的平台得以持續，讓理想的情境可以出現。但是這裡所說的溝通和交流，在分析治療診療室和其它社交場域，有什麼不同的地方，讓我們可以宣稱，精神分析或分析治療，是一種專業職人的工作呢？這需要其它的觀點和論述作為背景。

臨床實作的經驗（以下是常見的片段，不是某位特定個案）

某個案心情常處於低落狀態，生活上和家人朋友充滿各種衝突，對於前男友有著愛恨交織的矛盾心情，覺得被拋棄而耿耿於懷，認為自己是不被喜歡的人。自己只是期待被愛而已，不知道為什麼會變得如此下場？她一直在尋找答案，想要恢復關係，雖然也知道自己只是被當作性工具。但是她很願意這麼做，她願意替男友做

任何事，甚至不覺得自己有恨意。只是不知道為什麼男友一直避著她，雖然她已經告訴他，她願意如他期待的那般照顧他。他卻說他不需要她的照顧，她因此一直在悲慘裡，自述不知到底是怎麼回事？疑問一直存在心中，她覺得現在的問題，都是來自於父母在她很小的時候就離婚了，她和媽媽一起住，但她看不起媽媽，覺得媽媽根本無法了解她，媽媽永遠不知道她要的是什麼？但她在好幾個月的會談裡，不曾提過爸爸的任何事。

對於前述這種臨床常見的現象，如果放進某個別案例，或某治療師的臨床脈絡裡，會和在這裡針對公開讀者的說法有所不同。因為在診療室的實作裡，會涉及當時當地的移情和反移情的訊息。在這裡，我只是運用這些現象的部分意義，說明本章想要表達的內容。

對某些治療師來說，可能傾向趕緊從個案的故事裡，知道何以個案目前會處於這種狀態和困局？也就是要在故事裡，聽出個案的心理病因學。不過這種傾向忽略了如同佛洛伊德在《哀悼與憂鬱》裡所提及，目前的問題和失落，可能只是喚起生命早年經驗的方式。早年經驗不必然是目前記憶裡的故事，而是在故事之外，在言語之外，需要再探索的。

只依目前所聽到的故事，就要推論出生命早年的病理學原因時，常常是過早的結論。或許可能相當貼近個案的心理成因，但是在個案的內心世界裡，仍充滿了抗

拒，或對分析治療師的移情裡充滿負面力量。這些因素如果使得個案無法自由地思索，就算是分析治療師自以為說得有多精準，對於個案來說，可能不見得有作用，或甚至是變成壓迫式的被硬塞意見，在移情和反移情的關係裡，反而可能陷在個案的被虐，而分析治療師變成了虐待個案的互動情境裡。

要了解前述的說法，可以從兩方面來談。一是，在早年創傷經驗裡，是經過什麼樣的心理歷程，而形成目前的問題和症狀？這涉及個案的內在世界裡，症狀被建構出來的過程。二是，當個案要述說自己的經驗和故事，會受到對分析治療師的移情的影響，而有不同的述說方式和內容。這兩者都是構成生命故事，會被如何述說的重要因素。

關於症狀的形成過程

佛洛伊德從1900年《夢的解析》出版後，我們可以看見他對於夢的形成過程，和後來談論精神官能症狀的形成過程，兩者之間有類似的地方。他在說明夢和症狀的形成機制時，常是相互引用經驗，簡化來說，夢被記得的內容叫做「顯夢」，而顯夢被假設有某種「隱夢」，由於過於受苦的創傷經驗，因此無法直接出現在夢中，是經過監督者控制和節制下，以濃縮和取代的心理機制

處理過，才變成顯夢的內容。在《夢的解析》的階段，佛洛伊德一心一意以如何將潛意識變成意識的想法，作為分析的目標，但是實作的效果不如預期，他只好開始思索何以會出現困難呢？他先把這種困難情況標定叫做「阻抗」，不過指出個案有阻抗，也不見得有臨床的效用。

在《夢的解析》（1900年）裡佛洛伊德重複提到的監督者，也就是讓原始的創傷經驗無法直接呈現出來的作用者，一直到了1923年的文章《原我和自我》，佛洛伊德才進一步統整想法，提出了「超我」的概念，讓現今知道的自我、原我和超我三者具體都有名字而成形。有人稱呼這是人格的結構，不過佛洛伊德提出這些代表者，是為了更進一步說明阻抗的運作機制，也被當作是第二地層學。除了在《夢的解析》提及的濃縮和取代的機制外，再加上自我、原和超我機制的相互作用下而形成了症狀。

從精神分析的觀點來說，精神官能症是有某種原始創傷，作為潛在的動機，經由前述的機制相互抗衡，而妥協出來的成果。看似簡單幾個機制的相互影響，但是臨床上，我們得從症狀再往回推論，光是被提出的幾個機制的交互作用，就可能變化出千百種的過程。這些妥協的結果讓最原始的經驗，不是那麼容易被了解，不過不論如何，從最原始的感受來說，也可以說妥協的結果，都不再是原始的狀態。

　　因此有溫尼科特的「假我」的說法，這是人性的必然。他提出「真我」的概念，但是如果我們過於簡化他的觀點，將這些人性成長過程裡，必然存在的現象當作都是「假」的，然而其實它們都是真的存在，並且時刻影響著當事者的心理真實。畢竟如果所有人都依著嬰兒時期最原始欲望來過日子，這是不曾存在過的想像，或曾存在過的人類卻不可能存活下來。小說家高汀的《蒼蠅王》裡有很細緻尖銳的描繪。

　　我並非要堅持，「既然都是妥協的結果，那就不必堅持理想性」的說法，而是那些妥協出來的成果，隨著外在環境和人的成長變動，使得原本有用的妥協機制可能開始出現問題。至於是不是所謂尋找「真我」的旅程？涉及一般所謂的「真我」是指什麼？這需要回到臨床實作來觀察和想像。

　　臨床常見的，一個人會浮現想法要做「真我」時，是和某些人衝突的時候。那麼，這個「真我」是反對目前已有的，被歸類為「假我」的自己？「真我」，真的就是這種樣貌嗎？我是覺得需要再審慎觀察和想像，何以「真我」常是在自覺被壓迫時，而要展現的自己？何以「真我」，不是自然的存在呢？而是需要以心理反擊的方式，存在於診療室實作的流程呢？時下流行的說法，「自由不會天上掉下來，要靠流血流汗爭取才會有」。如果是這樣子，值得想的是，當「真我」果真如此重要

且有益，何以在人類社會不是必然的存在，而是需要花很多力氣來爭取呢？

以上是針對內在世界景象的描繪，接下來再觀察個案來到診療室後的情況，個案的「移情」會影響他述說的故事內容。

使用相同語言就是在談論相同的事嗎？

最簡化的說法是，要對某人說自己的故事時，一定會受說話者如何想像聆聽者，而影響了故事如何述說和流露什麼內容。佛洛伊德在《夢的解析》裡探索夢如何受監督者的控管，就算純真小孩的夢，也常常不是直接流露最原始的心智狀態，何況還要對另一個人說呢？佛洛伊德後來提到，夢者在醒來的瞬間，想到要跟誰說他的夢時，就會出現第二次不自覺的修改。

佛洛伊德早在《朵拉》的案例報告裡，提及他忽略了移情的處理，是造成和朵拉難以持續工作的緣由。後來整個精神分析的發展，就算在不同國度、不同人、有不同的論點，基本上，「移情」仍是精神分析工作的重點，是大家接受的。只是對於「移情」是什麼內容，如何處理？如何詮釋？什麼條件下做詮釋？這些問題帶來的差異性引起很大的爭議，或者說精神分析圈裡的爭議，也大都圍繞在這些課題上。

　　以克萊因對於負面移情的深度詮釋為例，在英文世界具有重大影響力，也帶來一些爭議。乍看克萊因的詮釋負面移情，是相對的快速且有深度，這裡的深度是指使用小孩在很小的時候所見的世界，例如大小便、小雞雞、乳房等，這些不是完整客體（如父母）而是部分客體，並以這些名稱作為詮釋的內容。她的文章顯示，小孩的後續回應是了解她的詮釋，不過就算她的理念相當有創意，但是這項技術也是她在1940年代，和安娜的論戰裡的重點之一。後來的追隨者有了修正，因為那樣的詮釋可能帶來個案的反彈，而不是如她所說，使個案有更多的思考。後來者如比昂、溫尼科特和葛林等人的論點，都有回應並修改克萊因的這項技術。

　　略談其他人的回應和修改前，先回到本文關切的主題之一，首先，是否克萊因和後續者是談相同的情景？是否他們談的是不同的個案群，或是類似的個案群，但是想要介入處理的焦點，仍有些微不同？這不是很容易清楚的題目，我只是提出來看看，有哪些和本文所談的技藝有關。

「有個自己跟著客體一起走了」，是什麼意思呢？

　　我以前述案例來說明一些主張和爭議。
　　何以這個案的話題裡父親是消失的？但是不出現在

話題裡，就表示父親是缺席的嗎？和她自虐地和男友相處的關係有關聯嗎？和男友涉及的成人性行為，如何區分她和父親間，在她小時候的身體接觸經驗？就算佛洛伊德假設那是「性」，但是在外顯和內在感受上，可能有所不同。她和母親是糾纏矛盾，她看不起母親，這種看不起是真的嗎？是否可能相反，反而是她根本就是看不起自己呢？

因為父母離婚後，她和母親都失去了父親，兩人都無法跟父親一起，父親不在身旁的那種失落，是造成個案的空虛感以及低自尊的情況，讓她想要接受男友的任何條件，只要男友願意跟她在一起，她會替他做各種服務。但是她和母親卻是一直處於矛盾衝突的場域裡。

依據佛洛伊德在《哀悼與憂鬱》裡，對於重要客體的失去，所引發的哀悼和憂鬱的比較來說，客體的失去讓當事者的某個自己跟著流失了。也就是，不再覺得自己是自己的自己，因為有個自己跟著客體一起走了，這是什麼意思呢？這種狀態如何影響分析治療師？在診療室裡和個案工作的焦點是什麼呢？

所謂自己跟著客體的失去而不見了，就不同個案來說，有相同的意思嗎？如果這些經驗，是來自於觀察那些會出門跟自己及世界搏鬥者，並能持續來診療室的個案，和最後是整個人沒有力氣出門者，他們之間有什麼差別嗎？這種差別，是否是帶來前述克萊因的詮釋技術

和其他後續者之間爭議的緣由？

　　也就是，隨著重要客體的失去，自己也跟著失去，「量」的程度可能是相當不同，有些是整體自己都不見，而人部分是不同程度的失去了自己，反映出來的是，不同程度的看低自己。臨床上是可以看見不同程度的量，使個案的生活受到不同程度的影響。這些乍看是類似經驗，但是否能和分析治療師一起工作下去，所出現的干擾狀況是有所不同的。

　　分析治療師不可能隨時都做對的事、說對的話，因此一定有機會讓個案失望，使得個案原本期待的客體特質消失，而感到挫折失望，但是心中仍可以原諒分析治療師，使得分析治療可以走下去。這是重要的心智能力的狀態，反映著個案早年經驗裡對於重要客體失去後，在心智裡，如佛洛伊德所說的，「自己」流失程度的不同。對於自己是什麼？不同程度失去的「量」，讓自己覺得是不是自己，就會引發不同的人生態度。

回到克萊因的詮釋所反映的後續現象

　　就精神分析史的發展來看，克萊因對於嬰孩的描繪，是很有創意的觀察和想像，至於核心技術裡對於負面移情的詮釋，是引來後續者不少評論和攻擊。同樣是精神分析範疇，只是不同想法，何以會引來攻擊呢？這涉及

某些作為是否屬於精神分析。作為一門發展中的專業，某些概念和技術的課題，仍是在爭議中，但也是發展中的議題。

克萊因的重要技術，對於個案處於負面移情的詮釋，的確是引發了不少評論，這是文獻裡的真實，表面上涉及的是，面對小孩，如果很快地詮釋深度的心理學，小孩聽得懂嗎？這是爭議的論點之一，也是安娜佛洛伊德和克萊因在1940年代論戰的要點。但是，什麼叫做「聽得懂」呢？意識或潛意識？

安娜是要培養小孩的能力，讓小孩聽得懂後再進行詮釋，對於小孩才會有意義；或者要培養小孩的能力直到聽得懂。這是和精神分析有關的專業嗎？成為論戰的緣由之一，例如，「『詮釋』之外的其它技術」是否屬於精神分析？

當把「詮釋」作為核心技術時，那麼在診療室裡處在「詮釋」之外的其它時候，我們所做的是屬於什麼？例如，把「詮釋」之外的說話或不說，當作是分析的態度，也可以說是屬於精神分析嗎？但什麼是「分析的態度」？「分析的態度」能夠完全說明診療室裡，兩人間工作過程的所有情況，甚至重要的狀況嗎？

回到精神分析史裡更早的爭議

針對前述的課題，我先拉回精神分析史早期的某些

爭議。

　　費倫齊（Ferenczi）是佛洛伊德發展精神分析的重要伙伴，他也同意佛洛伊德的觀察，主張個案會出現退行的舉動。就像一般人覺得，某人怎麼在某些時候或在某人面前像個小孩子，這種像個小孩子般的舉止，是貼近佛洛伊德所說的退行。對精神分析來說，這種退行是重要的工作基礎，觀察這些退行的行動，才是體會個體生命早年的真正記憶，真正的記憶不全然是在被說出來的故事裡。克萊因的詮釋技術，背後就是這個命題。

　　個案的退行舉動，將分析師當作如同生命早年的父母或某些重要客體，雖然個案知道分析師就是分析師，但是在情感經驗上，對待分析師的方式就像他們對待生命早年的父母。雖然我們無法百分百確定，這種對待一定是個案當年對父母的期待，但在精神分析的心理真實概念下，會主張那種期待不論是否為歷史事實，但心理真實上，確實會出現在個案和分析治療師的關係裡。

　　費倫齊對於這種退行現象，例如，某位女個案的退行，將他當作是小時候的父親，她一直幻想要排擠掉母親，不讓母親和父親結婚，在這種情況下，治療師要如何滿足個案的期待？詮釋個案的退行舉動裡有這種潛在動機？這是費倫齊和佛洛伊德在技術上的爭執。費倫齊不全然認同只是詮釋，因為在這種退行狀態，詮釋的舉動可能如前所說，只是給飢餓的人一份菜單，不是真正

的上一桌菜。費倫齊強調，這些個案的處理策略是需要「主動的技術」，只是費倫齊和女病人結婚的舉動太震撼了，使得他想要指出來的臨床現象反而被忽略了。

某些個案的退行舉止，以移情的方式呈現，而移情是精神分析工作的重要基礎。佛洛伊德甚至一度說，精神病人不適宜分析的理由，就是精神病個案只將能量灌注在自身，缺乏投射早年經驗至分析師的能力，因此無法出現移情，而不適宜被分析。不過他的觀察，看來不全然正確，精神病個案仍有移情的發生。

如果不是到精神病的程度，強烈的移情若引誘分析治療師在說話詮釋外，還想要進一步做些什麼，那麼，詮釋之外的主動將會被如何看待呢？這命題不會自動消失！在克萊因的理論和技術裡，再度出現了這個課題。她是以小孩作為分析的對象，主張要處理破壞本能的衝動所衍生出來，對於分析師的潛在敵意等負面移情時，需要以「詮釋」作為主要處理技藝。某種程度，這是獨尊「詮釋」作為精神分析的主要技術，是依循著佛洛伊德以降的傳統。不過臨床事務當然比理論或傳統的堅持還要更複雜，畢竟精神分析的存在，是要理解個案，讓個案透過對自己的理解而能更自由，而不是活著來適應精神分析的理論和傳統。

核心技術外，還有什麼值得注意？

　　不過某些後來的依循者，學著如克萊因那般，施行對負面情移的詮釋時，反而引發個案的不滿。我目前的看法是，克萊因可能沒有描繪診療室裡的所有情節，只著重描述核心的「詮釋」技藝的傳承。但是進行深度詮釋前，她所做的任何預備作法和態度，並未被她特別著重，使得後續者對負面移情進行詮釋時，惹來個案的攻擊反應。克萊因的學生漢娜西格（Hanna Segal）在年老受訪時，批評溫尼科特（Winnicott）只想做「好媽媽」，在面對個案的負面移情時並不會進行詮釋，意味著溫尼科特沒有能力這麼做。也許漢娜西格的說法，另有某些不足為外人道的訊息，但漢娜西格的批評不全然是對的。

　　與漢娜西格同世代，克萊因的學生比昂（Bion）應該也觀察到「詮釋」所帶來的反彈效應，因此在理論與實作上有一些修改，看似微修克萊因的論點，卻不能不說是重大的調整。尤其是針對克萊因的重要概念——「投射型認同」，比昂有些微調，也提出「涵容」（contain）的概念和思考理論。比昂對克萊因的理論和技術都有了調整，回頭看來，是針對「詮釋」本身，以及「詮釋」之外面對個案的退行時，所流露的移情的處理技藝。

　　克萊因的「投射型認同」主張，嬰孩由於死亡破壞本能的驅動，主動排除自身壞的部分投射至客體對象，例如，投射無法即時讓他溫飽的壞乳房至治療師身上。因此假設爲了讓小孩不再持續如此看待母親，需要針對這現象進行詮釋，比喻上像是藉由詮釋，導進光線讓黑暗的破壞無所遁形，但這個主張在臨床上是備受挑戰。比昂則微調了「投射型認同」的定義，指出嬰孩不只投射壞的部分至客體，好的部分也會投射至客體，因而對待客體除了破壞的功能外，也同時具有溝通的功能。

　　以戰爭模式來思考，是指被派到前線作戰的兵卒，除了打戰的破壞任務，也同時有溝通的使者混在其中，讓治療師面對個案呈現出來的問題時，需要同時想像這兩種可能性。這跟我們將問題只當作是破壞者，要盡快防堵它，在技術以及處理的速度及節奏上，是不同的思考和態度。

　　比昂對克萊因概念的微調，實質上，好像四兩撥了千斤，帶來重大的後續影響。就算最終的目標仍需要藉由詮釋，讓個案知道行爲和症狀的潛在意義，進而減少破壞的舉動，並讓生活可以回歸到個案期待的情況，而不是在不自覺的破壞力下，讓所做的後果總是帶來不愉快的悲慘結局。

　　這些帶有意義的課題，容易成爲治療的目標，好像分析治療就是要這麼做。不過比昂修改「投射型認同」

概念的背後意涵，也就是除了一心一意追求，藉由詮釋
讓負面移情有了意義並被了解後，進而改變成不再具有
破壞力；除了詮釋外，在臨床實務上，還需要考慮其它
的作用因子，讓其有機會被當成分析治療的重要技藝之
一，甚至發展成精神分析後設心理學的重要知識。

　　這些背景是比昂發展思考理論和涵容概念的重要基
礎，也就是在分析的過程裡，藉由「詮釋」而了解潛在
意義和動機前，仍有很多事需要思索和作為。畢竟，分
析治療的移情和反移情關係，是精神分析取向工作的最
重要基礎。因此在技術上要執行「詮釋」時，得考量詮釋
的內容，是否能被個案用於思考。

　　比昂站在克萊因的論點——好乳房和壞乳房的二
分，作為人性發展的基礎，只是他的說法改為，如果精
神分析要追求某種真理（truth），那麼這個真理是，最
後發現好客體和壞客體是同一個客體，在理論上是回到
克萊因的「憂鬱形勢」（depressive position）的說法。
而作法上，除了詮釋負面移情，還可同時思索同一個移
情現象裡，有負向的破壞也有正向的溝通，這需要同時
被關注，而不是只站在一邊。

其它創見者的想法值得參考

　　除了個案述說的故事外，個案呈現在移情裡，以及

分析治療師的反移情，都是眞正的處理平台。個案不自
覺投射到治療師的移情，這個心理過程是有退行的意思，
將小時候的某些經驗和感受，在退行的心理過程裡，投
射到治療師身上，並覺得治療師就是他認爲的那種人。
在精神分析的技藝裡，需要以多快的速度和該如何做，
來指陳出那些退行的舉動，是不符合目前的現實？治療
師需要這麼做嗎？

治療師要順著那些退行的舉動和個案有所交流，然
後讓個案了解自己有那些退行舉動，以及這些舉動如何
影響他們？如果是藉由治療師的言語來呈現，就涉及了
在那些當刻裡，個案是如何看待治療師。這種潛在的看
待客體對象的方式，實質上左右著個案，會如何思索治
療師所提供的詮釋。這些技藝的探索，從佛洛伊德時代
至今，仍是一個變動中不斷被增添的課題。

要以多快的速度藉由詮釋，尤其是詮釋負面移情，
減少個案對於治療結構的破壞，使得分析治療得以持續
走下去？臨床的疑問不是那麼單純，個案的反應不一定
會符合這種主張。溫尼科特採取其它作法，因爲人的改
變方式是多重的，依他的經驗來說，他從原本是小兒科
醫師，再成爲精神分析師的身份，他看見的最原始模式
是，母親抱著嬰孩來求診。溫尼科特從自身經驗裡累積
出來的意象是，小孩子在發展過程，會在某個階段喜歡
擁有自己的東西，例如，某條棉被、某隻泰迪熊等，那

是不可被任意置換的東西。

這些東西，對小孩的心理發展是有功用的，溫尼科特替這些東西命名為「過渡客體」（transitional object）。需要藉由過渡客體的存在，擁有某種個人心理發展的空間，被叫做「過渡空間」（transitional space）。在精神分析的論述裡，這些命名讓「沒有嬰兒這件事，有的是嬰兒和母親」，替後人帶來眾多想像的空間。有了生動的比喻，來描繪診療室實作過程裡，由於個案的退行，而呈現在分析治療師和個案之間的關係狀態，這不會只是表面的人際關係而已，在這個想像下，分析治療師面對個案的退行舉動的移情時，分析治療師要如何作為和不作為，就有了其它想像的空間。

溫尼科特還有另一個概念——「恰恰好的母親」（good enough），作為分析治療師的指導方針，這意味著面對個案的某些退行舉動，要執行核心的深度詮釋技術前，還有很多事情需要被注意、被觀察，以及先採取某些其它作為。

溫尼科特的整體作為，讓克萊因的學生漢娜西格，在晚年公開批評溫尼科特，說他只想做個「好媽媽」，不會詮釋處理個案的負面移情。漢娜西格的評論也許還有其它未言明的情況，不然如果只從這說詞來看，漢娜西格不必然是對的，畢竟克萊因快速深度詮釋個案負面移情的作法，對後人來說是一項有爭議的技術，是需要

再更細節描繪的技藝。

不過，我們從漢娜西格的批評，正好可以往相反的方向解讀為，是否溫尼科特的技藝裡，正好有值得再細究的概念和態度？也就是，「恰恰好的媽媽」是指什麼？後續者閱讀溫尼科特的文章，再來推論做什麼，是「恰恰好的媽媽」嗎？這個工作是不可能在本書裡就可以說得清楚，不同國度的閱讀者勢必依著各自的文化背景，對於「媽媽是什麼？」而有各自的想像。

事後想起某剎那間的感受

一如前述案例，她和媽媽的衝突裡，隱含她對媽媽的潛意識想像，期待媽媽做什麼或不做什麼。這是一個深遠的課題，不只是意識上的主張。另外，臨床常見的景象，個案的改變是漸進的，通常是累積到某種程度，才會被個案和治療師注意到，原來個案在先前的某個時候，就有某些改變的跡象了。

例如，這位個案後來提到，她不知道怎麼回事，覺得治療師不再像她媽媽那樣剝削她了。她重複說著「不知道為什麼」？她之前不曾直接對治療師說過，治療師在剝削她。但是她此刻的說法，同時綜合展露對治療師的態度，「剝削和不再剝削」。這是先後發生，或一直是同時存在？或只是在意識上有先後順序地被察覺？

　　也許先前不自覺自己被治療師剝削，後來某個時候回想起以前，才發現治療師在剝削她？也可能一直覺得治療師在剝削她，只是由於某些移情，使她未明說出來？不過，治療師回想，在她這麼說前，她的態度就有些微調了！顯示治療師曾剎那的感受到，會談時的張力不再像以前那麼大了。張力減少的感受並非如此顯明，是因為那感受是剎那間就消逝而過。

　　這些說明是要呈現，分析治療的過程裡造成改變的過程，並非只是詮釋帶來意義的思考，不只是這樣的技藝而已，而是需要再仔細觀察實作過程的細微變化，並嘗試去理解和想像那些變化，替精神分析的後設心理學帶來有趣的進展。

回到臨床實作，作為觀察一切說法的基礎

　　相對於溫尼科特，法國精神分析家葛林（A. Green）對於克萊因的技術，顯得更直接銳利的批判。葛林有篇至今廣被閱讀討論的文章《死亡母親》，他舉了一個案例：小時候原本快樂的日子，但是母親的憂鬱發作，讓他突然覺得失去了一切。葛林以這案例的經驗表示，分析師在實作過程裡，如果只依循傳統的技法，會顯得過於被動，使個案的移情，只感受到分析師如死亡的母親，在這種情況下，個案並不會有心理的成長。葛林提出了

新構想，認為分析師在種情況下要採取主動。

　　不過，依然有不少問題得思索：「何謂主動」？在什麼時候做些什麼，說些什麼，或者有什麼態度，才是主動？我相信不同的治療師閱讀後，仍可能有不同解讀而帶來不少爭議。精神分析之所以依然活絡，可能就是因為這些爭議的存在，激發了後續的想法。但是這都得回到臨床實作過程，作為觀察一切說法的基礎。

　　例如，葛林提及的主動，並不是克萊因式的詮釋當刻移情的困局，他認為這會讓個案更挫折！以他的案例來說，所謂的主動技術，不是詮釋，也不是費倫齊的直接擁抱個案，而是藉著語言來達成同感，這麼說，好像接近其它非精神分析取向的作法。不過，對於葛林來說，他所說的同感，仍是圍繞著精神分析為基礎。這就得再深究他的其它論點了，一如當佛洛伊德說，要推廣精神分析至心理治療時，採取的是「分析的金和暗示的銅」，但他再三叮嚀，要以精神分析作為基礎。

　　如果再深究前述技法的差異，我們要問，是什麼因素帶來這些不同的論點呢？除了創意者希望建構和他人不同的論點外，依我的觀察，還有一項很重要的臨床現象，只是在技術的討論時，並未被特別彰顯出來。

　　例如，就分析治療的場景來說，個案說的故事裡，人、事、物之間的衝突矛盾，構成了主要的問題。他們覺得受苦於那些問題，期待能夠從那些受苦裡解脫出來。

因此就實作來說，有可能大部分時間圍繞在這些場景上。如果再細聽個案的陳述裡，隱隱有以空虛為主訴的自己，這個自己在指揮全局。會出現矛盾衝突的現象，是空虛的自己為了生存下去而鋪設的局面，讓自己在矛盾衝突裡，感受到活力依然存在，而不是全然地走向死寂。

這種觀點隱含的是那個被叫做「自體」（self）的自己，是人生全局的操作者。「自體」有種種機制圍繞著它，例如，自我、原我和超我，都是屬於自體的一部分。雖然在目前的後設理論裡，對於自體和自我的關係，是誰包含著誰，並無定論。這是「自我心理學」（ego psychology）和「自體心理學」（self psychology）的爭議之一。

不過，我並不是要站在「自體心理學」和「自我心理學」的爭議上，而是主張「人是以自己為主」作為出發，如佛洛伊德在《論自戀：引言》裡所描繪的人性。在這個基礎上，我推論和自戀相關的，要保持自己、延續自己、自己是屬於自體的，這是一種整體自己的概念，不是佛洛伊德描繪的自我。這個自我，是原我、超我的奴僕。這個自我，不是一般覺得要做自己的那個自己，畢竟人們說要做自己時，並不是要讓自己做誰的僕人。

難以描述的空虛自體

我主張的是，自體是主體，是人生往前走的發動者。它需要各式引擎來啓動，引擎包括自我、原我、超我和外在環境。在這個模式下，個案大都是以後者之間的衝突矛盾，以及它們之間在自我運作下，如何達成妥協，而成爲個案問題的主要戰場。

這些衝突矛盾，也許跟伊底帕斯情結有關，個案常呈現出來作爲主題，而被當作是精神官能症或性倒錯層次的問題。如果假設我們受影響的階段，包括伊底帕斯情結之前的心理創傷，這些前伊底帕斯情結的狀況，由於當年語言表達能力的不足，加上運用的心理防衛機制是以更原始的分裂機制爲主，後來呈現出來的臨床現象，常常是自體展現著空虛或空洞感。這也是邊緣型和自戀型人格常出現的臨床現象，可以假設是難以描述的空虛自體的發動，而產生了種種矛盾和衝突，讓空虛裡仍有活力來活著並繼續生存下去。

這些主張展現著自我和自體的不同，以及防衛機制上，精神官能症者常用的潛抑、壓抑和合理化等算是高級的防衛機制；相對於邊緣型和自戀型，他們常使用二分法的分裂機制，這是更原始的心理機制，以二分法的方式呈現問題，讓人生陷於非黑即白，或全好全壞的處境，讓表面認眞處理的問題有最佳答案，卻可以轉眼間，

落到另一邊完全相反的處境。

　　當其他人或治療師覺得，個案是自戀的人時，也就是他的自體和自戀，在這種情境裡被聯結在一起。這種說法常被用來指責他人，是很可惜的使用方式，讓彼此處於批評和防衛的互動裡，錯失了對於自己的了解，並走進更原始的人性處境裡。

　　一如人在生命最本初時，為了自己的存在而呈現活力創意，但是何以某些創意在後來卻成為悲慘的基礎，被命名為「自戀」，然後就停在這兩個字上？以為了解了，就不再思索了，錯失了觀察原始的情境如何影響著後來的人生。這是很可惜的事，讓人無法對自己有機會更細緻和深厚的了解。

　　前述說法隱含著兩個層次的內容。一是，人對於自己是什麼，其中的自戀及自體的課題；另一是，在原始狀態下，常用的分裂機制雖是自我功能的運用，但分裂機制所延展出來的現象，是很困難以成人語言來了解和感受。甚至就算前述的二分法，非黑非白，就算當事者同意自己是這樣的人，但是在行動和感受上，仍可能處於二分狀態而難以察覺，甚至堅持自己的作為是有道理的。

語言無法穿透的領域

　　回頭來看前述比昂、溫尼科特和葛林，他們主張的

技藝裡的主動元素。如果再加進自體和自我的不同層次課題,需要採取主動技術的情境,是接近要處理涉及自體的空虛或空洞的課題。例如,葛林在《死亡母親》案例裡,個案死寂空洞的自體。葛林不一定樂意自己的觀點,被當作是自體心理學或客體關係理論;他堅持在佛洛伊德、溫尼科特和比昂的後設心理學裡翻滾。

不過,這三位精神分析家的作法裡,有個交集的共同位置,是爲了處理難以使用語言表達的課題。例如,前伊底帕斯情結,並不是使用傳統的「詮釋」,就可以用語言滲透到的領域。相對的,詮釋精神官能症層次的矛盾衝突,若以成人的語言來詮釋,是有可能被話語所了解,進而讓這種了解有了不同意義。

談到自戀、自體的空虛課題時,涉及的是前伊底帕斯的領域,是莫名的感受爲主訴,也就是語言難以穿透的所在。因此無法以想像中的,引進光明後,暗黑就消失了。也就是,有了語言和光明,暗黑爲了生存就發揮創意,發明了讓自己仍然無法被看見的黑。雖然個案在這種情境下,仍常是以對意義的疑惑作爲討論議題,好像藉由意義的語言可以找到出路。

但是空洞、空虛或孤寂,在臨床上並不是以詮釋、添加意義,就能夠處理而不再覺得空洞感。前述三位精神分析家的技藝裡,早就注意到這些現象了,雖然他們以不同術語來表達自己的概念。何以他們不使用別人的

語言，而要自創語言來建構探索的領域和地圖呢？這是
由於前述的，人的空洞和創意的並存，或者他們的說明
裡只是乍見有交集，但各自走過來的基礎略有不同，也
指向未來不同的領域？

　　從精神分析技藝史來看，佛洛伊德在文章和實作裡，
並不是那麼在意要區分，處理自我的矛盾和自體的空洞
感的課題。可以說佛洛伊德的文獻，是以精神官能症為
軸心，尤其是歇斯底里和強迫症等，相對的，對於人格
或性格的論述較少被觸及。

　　但同是精神官能症來說，憂鬱也是相對較少被議論
的課題，雖然有《哀悼與憂鬱》略談失落所帶來的心智
的影響。佛洛伊德在這篇文章，描述重要客體失去後所產
生的憂鬱，以及自我變得空虛，或者談到自我的分裂，
覺得自己沒有存在的意義等說法，仔細思索的話，其中
是混合使用自我和自體，而且強調因為空虛化而能量低
落的情境。

空洞感的質和量的課題

　　當佛洛伊德以菜單來比喻「詮釋」這項技術的某種
困局時，是給予「飢餓」的人某份菜單。但何以是以
「飢餓」作比喻呢？指心的飢餓，或者如同心的空虛，
渴求某些東西來填塞空洞感？仔細想像這種比喻在臨床

的現象時，發現內心空洞所呈現出來的現象，在不同個案間有很大的落差。

有些是如死寂般的憂鬱和空洞感，有些則是很激躁，處於不斷發生焦慮和不安的衝突裡。也許在不同人，或者同一人，在不同時候，處於前述兩種極端之間的某種狀態，有不同量的焦慮不安的衝突，這些不同的量，會對生活造成不同程度的問題。

空洞是無法填滿，可能永遠不可能！無力感和無助感，勢必長相左右？因為在這種情境下的錯覺是，能夠幫助自己的人，只有自己，但自己無法讓自己馬上有奶水，每一陣子的餓肚子，都是失落，都是空洞，都是孤寂，是自己加在自己的無力感和無助感。

任何詮釋和意義，只是寫在洞內牆壁上的詩詞？對比佛洛伊德說的，是給肚子餓的人一份菜單，我是採用不同的比喻，以自體的空洞作為臨床實作的場域。

如本文前面所述，其中所提及的是，自體和自我的差別，這些差別也影響了技術的課題。至於佛洛伊德在《哀悼與憂鬱》裡，對於self和ego的混用，以目前的角度可以說，他不了解目前覺得必要的這些分野。這可能反映著，兩者原本就是交織的，在

臨床上如果真的要完全區分兩者在某些問題的角色，
也許不是如前述說法那般容易。

　　本質上，卻是同時存在的角色，共演著大部分
的人生問題。至今，在詮釋和同感支持之間，應不
再是二選一的課題，但是如何做，才是二者合一的
思考呢？並進而在施行技術的某些瞬間，在說話內
容和態度上，同時蘊含著兩者的技術需求。可以再
想想，如果以此來看ego psychology和self psychology，
兩者的分野可能是什麼呢？

路過小時候的故事

一隻公雞喜歡五四三

蹲在收割後直立乾稻叢旁

另一隻安靜思考未來

研究飛在半空中

吵著要去夜市的黑蚊子

是不是記得承諾

幫忙問問

今天來賣藥的脫衣舞少女

是否記得

她去年的微笑

有青草苦澀的春天

原始人在空洞裡作畫題字：
是自戀或是憂鬱？

　　標題只是最初的一個想法，不是最後討論的結果，也就是，接下來的討論可能會拉開距離，不是在回答這個問題。不過，會使用這個題目也不是無緣無故，而是從臨床個案、督導和理論思索裡，浮現的幾項元素，以這個疑問湊在一起。也許這個題目就像夢那般吧，需要一些分析來呈現我談論的人性課題。例如做自己、自戀、自體、自我等詞彙，在精神分析取向的實作裡，所隱含的歷史爭議和實作技藝的論點。

　　延續〈精神分析取向的技藝地圖：『詮釋』之外的想像〉裡的臨床觀察和論點，本文再進一步闡述關於這些詞彙，在一般口語和精神分析後設心理學的落差；或者從這些詞彙在精神分析歷史裡，不同語詞間差異的某些片段思索，作為臨床技藝的參考點。

先從一個有趣卻令人傷感的現象說起吧

我們常聽人說，某人很自戀！這是假設對方聽得進去這語詞的意義，因此開始有些思考，就好像這句話是被對方聽進去了。這是實情嗎？是否大部分的情況，尤其是在重複多次後，仍是明知對方聽不進去，我們卻硬要說出這個語詞？

當對方不理會，甚至反擊後，說話者就更有充份理由，引用佛洛伊德的「阻抗」理論，來告訴自己，並主張對方是阻抗，不想真正認識自己，或者對方不知道自己在做什麼？

不過，這些情況卻忽略了，說話者這麼自衛的說詞，是自己不知道自己在說什麼？或說話者存心只是要攻擊對方，並知道「自戀」這兩個字可以打中對方，讓對方不愉快？這呈現一個有趣的問題：難道把「自戀」這兩個字，當作標籤貼在別人身上，就是最後的目的？說話的人並沒有要對方多想什麼的意思？

如果是這樣，那麼「自戀」這兩個字，和罵人的三字經，有什麼差別？會不會不久以後，說別人是自戀，會有法律的問題？我不確定！但如果這字眼持續被如此使用，是有可能走向涉及侮辱他人的語詞。一如以前的

用語「神經病」，幾乎成為當代的某種三字經。

　　我需要拉回來焦點，關於「自戀」，被如此使用的潛在因素是什麼？有什麼值得思索的地方嗎？如果我主張這兩個字，在精神分析後設心理學裡，是很重要的詞彙，是佛洛伊德在《論自戀：引言》裡，視野從原本的精神官能症，轉至新的焦點，思索精神病或原始心智的切入口。佛洛伊德的所有文章裡，這是唯一有副標題寫「引言」，意味著只是開始嘗試，以後還有很多話要說，雖然他終究沒有對這主題再多說很多。

　　「自戀」這個詞彙隱含著太多可以說的，同時也是難以言說的內容。佛洛伊德是努力想要窮盡語言和思考，來貼近描述這種狀態：人的心智處於完全沒有客體的感受狀態，一種很原初的自戀。另一種是，有客體存在的感受，只是他把原先投注在客體的力比多，再撤回到自己身上。

　　這些是很抽象的語詞推論，卻有雄偉的臨床意圖，要說明何以臨床上有精神病的狀態，或者何以愛情如此盲目？也許不是盲目，而是有內在動力作為推動的選擇？或者如Laplanche所說，佛洛伊德最早使用「自戀」的概念是1910年，用來說明達文西何以挑選年輕俊美的小男孩作為助手？好像那些小男孩是他，而他是自己的母親，他愛和照顧他們，就像當年母親愛和照顧著他。

　　由於這樣定義「自戀」時，意味著那是生命早年的

經驗，是成人式語言的能力仍相當薄弱的時期，但是它以某種方式被記憶著，並且在往後人生裡，不斷地行動出來。如果說任何人都有這種特質也不為過。麥克巴林（Michael Balint）在《原誤》（Primary Fault）這本書裡描述的第三個領域，就是屬於自戀的領域，他說那是一片言語無法表達的區塊，也是後來創意和創造的起源地。（有興趣者請參考蔡榮裕著，《不是拿走油燈就沒事了：精神分析取向心理治療進階（技術篇）》，頁107-111，無境文化）

自戀就是一個謎，人性的謎

不過，當我們想要用「自戀」來罵人時，當然就不是如巴林的說法，也跟佛洛伊德引用達文西來說明的說法是不盡相符的。人不自私，天誅地滅，是廣泛流行的俗語了，何以還需要把「自戀」這個語詞，拿來精神分析裡思索呢？

「自戀」就是一個謎，人性的謎，說人不自私就天誅地滅，但有把「自戀」要表達的內容說清楚了嗎？佛洛伊德在《論自戀》裡說精神病、慮病症和愛情裡的自戀成份，用「引言」做副標題，意味著它很難說，或它就是一個謎，永遠不可能說清楚。那是語言無法到達的領域，因此我把命題重新設定成，依照佛洛伊德的主張，

　　精神官能症層次所帶來相關衝突和矛盾，是屬於伊底帕斯情結層次的課題。

　　我們在此討論的自戀領域，是屬於伊底帕斯情結之前的事件，是在嬰孩更小年紀，語言表達能力還相當有限的情況下的課題。

　　要探索這個生命更早期的心理事件，和後續如何影響伊底帕斯情結呈現的樣貌，值得冒險勇敢邁向言語難以表達的地帶嗎？這意味著處理伊底帕斯情結的矛盾和衝突，是語言尚可以描述的領域，至於走進這塊原始匱乏的地帶，卻是以語言也難以溝通的地帶。

　　像以前的探險家和人類學家，走進原始部落進行研究，歷史上他們走進這些原始部落，可能帶進病毒而讓當地人死於不知名的瘟疫。其實，佛洛伊德在1909年九月和榮格（C. Jung）和賁倫齊（Ferenczi）等人，受美國克拉克大學邀請演講，五天的行程裡共有五場演講。在輪船長途旅行途中，佛洛伊德提過，美國人不知道他這趟旅程，會隨行帶進一場瘟疫到美國。

　　佛洛伊德這麼比喻，可不是憑空說的話，他深知他的觀點和技法，將讓人類的心智產生翻天覆地的影響。就算帶有善意，要擴展及加深人們對於自己的了解，當精神分析前進到「自戀」的場域時，的確替一般習以為

常的領域，帶進如同病毒般的思考呢！

陌生的他方

　　走進「自戀」這塊領域時，也走進了說話式的、面臨語言難以溝通的人類場域；學習了解這個階段的嬰孩心理學，需要大量的猜測和想像。如佛洛伊德在《有止盡和無止盡的分析》裡所說，真正的記憶是在行動裡，不是在記起來或說出來的故事裡。要藉由語言來說出自身行動的所有意義時，就像是到了陌生的原始部落。這個比喻並不是說原始部落的人都是嬰孩，而是指我們要去了解陌生的他方時，只能經由他們的生活儀式等日常經驗，來做比對和推論。

　　也許有人會質疑，既然只是猜測和想像嬰兒的心理世界，這些材料對於談話治療有什麼貢獻嗎？佛洛伊德在《朵拉》裡表示，當他探索朵拉的少女心理世界時，也是遭遇到外在現實訊息的有限所帶來的困局，他卻認為這些外在現實的侷限，正是精神分析開始的地方。

　　如同他發現，夢不是如一般想像的直白，而是有監督者在把關，讓夢所呈現的內容，不是內心裡最直接的心聲。他主張經過濃縮和取代的工法，而呈現出來的顯夢內容，仍有值得分析的地方，因為經過這些工法，正顯示有心理機制的運作，而那些機制不是我們能夠直接

觀察得到。但是觀察和分析被處理過的顯夢內容，和經過分析後推論而得的隱夢內容，兩者之間的落差，正顯示了心理何以需要經過濃縮和取代的機制和工法處理。

這些比喻是要說明，如果我們想要進一步知道自戀領域裡的心理內容，要先跳開「自以為已經了解自戀」，而過於快速地如同下診斷般來形容誰是自戀之類的態度。畢竟，這麼原始的心理，是可以在任何人身上看得見它的遺跡。我們說出那是「自戀」，是在說什麼呢？真的是在說一件可以溝通的事件嗎？

如前所述，我是抱持著存疑態度。這也是我何以繞了一圈，說明這想法就是想要表達，當我們想到「自戀」這兩個字時，最好將這兩個字所隱含的世界，當作如同夢那般，需要更多的分析，才能想像可能是什麼？雖然對於夢的分析，也常有人會簡化成，說了個夢，就開始以各種象徵來套用和解釋。

一如常見對於「自戀」這語詞的態度，忽略了「自戀」這兩字其實是指向我們還不知道的他方。

說誰自戀時，反映了多少難言所在呢？

不過得克服一種心態，就是常見的想要簡化眼前複雜的事情，以便看起來變得容易了解。這種現象常是假設有了清楚的問題，才有清楚的解決方法。但是就理論

的發展來說，把複雜性簡化成「自戀」兩個字時，其實經歷了精神分析的後設心理學裡，對於「性」這個字所帶來的複雜爭議的過程，而不是只以一兩個字的表面意義作為結論，以為這就足以說明一切。

例如，很多人以為精神分析，就是把所有現象直接歸因於「性」，這種現象不必然是後設心理學的問題，而是要以一兩個字來包含人性的複雜時的困局。就像我們常常說，唉，人性！「人性」兩個字就足以解釋一切作為？不必然是說錯了，而是說了一個大家都知道的詞彙，卻可能等於什麼都沒有說。

就像面對一位被選舉出來的總統，卻只想說對方是自戀，會搞出很多破壞的舉動。這種時候，人內心裡的煎熬是什麼樣貌？我試著推想，就像在一個空洞裡，這個空洞是失落造成的，尤其是預期的理想候選人失敗了，敗在一直被覺得有問題的對方。心中為了理想打拼過、緊張過、出力過的情境，但結果卻是相反。我無法說這種失落一定會如何，不過就嘗試假設以下的情況。

就算在大部分人心中，只是瞬間的反應，但是瞬間也有它的意義吧？一如我們突然走進一群人正在說話的場景，他們突然沈默了，我們會馬上想：他們是不是在討論我呢？也許只是瞬間，但是仔細觀察，仍有它的心理意義。在面對失落時，如佛洛伊德所說的，有人哀悼，有人變成憂鬱，或者實際上是無法截然劃分的，實情是不

同比例的哀悼和憂鬱的混合？其中有無力感和無望感，
內心裡是什麼在感受無力感和無望感呢？

　　從這個現象來推論的話，無力感和無望感的狀態下，
以評論對方是自戀，這倒是一個很有趣卻殘酷的現象。
這是無力者和無望者，以診斷某人的自戀，作為展現力
量和意圖？這是可以帶來希望的方向？

　　雖不是本文的重點，不過先稍以政治層面來說。涉
及制度面和法制面的外在現實架構能否處理，該被歸類
為統治者的自戀所引仲出來的行為嗎？或者根本不必涉
及自戀的診斷和標籤，而只針對行為是否違法或違反政
治原則的層次？

　　我是要從這些經驗來思索心理學，畢竟以展現力量
的方式，作為診斷他人有自戀，是一個常見的現象。我
不是要評斷這樣子，好或不好，而是想要思索這現象還
有什麼可以想像的，來幫助我們理解人的心智結構，進
而比對診療室裡的實作技藝，擴展思索空間。

語言可以觸及愛恨的所在嗎？

　　回到佛洛伊德的《哀悼與憂鬱》流露的想法，有什
麼可以作為思索這命題的養料前，我先引用前一篇《精
神分析取向的技藝地圖：『詮釋』之外的想像》裡的案
例，作為和臨床經驗相互比對思索的基礎。

先回到臨床實作的經驗來說：（以下是常見案例的某些片段）

某個案心情常處於低落，生活上和家人朋友充滿各種衝突，對於前男友的愛恨矛盾心情，覺得被拋棄而耿耿於懷，覺得自己是不被喜歡的人。自己只是期待被愛而已，不知爲什麼會如此？她一直在尋找答案，想要恢復關係，雖然也知只是被當作性工具。但是她很願意這麼做，她願意替男友做任何事，甚至不覺得自己有恨意。只是不知道爲什麼男友一直避著她，雖然她已經告訴他，她願意如他期待的那般照顧他。他卻說他不需要她的照顧，她因此一直在悲慘裡，自述不知到底是怎麼回事？疑問一直存在心中，她覺得現在的問題都是來自於，父母在她很小的時候就離婚了，她和媽媽一起住，但她看不起媽媽，覺得媽媽根本無法了解她，媽媽永遠不知道她要的是什麼？但她在好幾個月的會談裡，不曾提過爸爸的任何事。

個案不曾使用過無力感或無望感的詞彙，但就算她使用了這些詞語，就表示眞的知道這些詞彙衍生出來的複雜現象嗎？她圍繞在愛恨的課題，這是可以用語言來表達的主題，雖然可能一輩子也說不清楚，但的確是生命的重要課題，也是個案在意識上能夠感受到，並加以表達的內容。

愛恨的題材是容易清楚設定工作目標，例如在說自

己故事的方式裡，讓如何有愛，如何不要恨，變成可以
會談的工作議題。不過這種議題變成二分法式的，想要
卻得不到，包括可能覺得治療師人冷酷、不給愛，以及
不想有恨，卻偏偏恨遍佈生活的所有地方。

　　這種設定議題的方式，乍看有明白的議題，卻容易
導向議論無法愛和被愛，不想恨卻難以忘掉恨意的情境。
因此把治療推向無力感，更加強了她的問題是無法解決
的感受，甚至連治療師也無能為力的無助感窘況。如果
治療師無法察覺，從一開始設定在以為可以清楚談論的
課題，例如愛和恨，在某些個案卻導向難以言說，或怎
麼說都說不清楚的無力感和無望感，就很容易和個案沈
浸在這種感受裡，好像分析治療師只能跟個案一起走向
無能的地步，進而加深雙方的挫折感。

　　再度回到前述的想法，到底愛是什麼？恨是什麼？
分析治療能夠定義出來嗎？後來出現的無力感和無助感，
是能夠說得清楚的內容嗎？是否這些字眼，就像「自戀」
這語詞，潛在是一片大海般的內容，而這些語詞的出現，
只是海上一片作為代表的浮舟？或者這些字眼就像地圖
上的某個地名，例如：台北，但是台北是什麼呢？不可
能幾句話就說清楚，雖然可能有一些老套的說詞。

　　我們假設個案使用這些語詞，表示他們知道那是什
麼意涵；我們也假設，我們是了解個案想說的事。但是
這種了解只是看見被派遣出來的代表物，無法真正觸及

核心的所在，卻在治療雙方都誤以為說清楚了，只是一時無法找到最好的解決答案，這樣的結果就等於面臨的問題是無解的。

以這案例來說，如果她的愛恨課題，被標定在她有伊底帕斯情結，三角競爭和矛盾衝突，這種標定是容易被理解，雖然她不見得會接受這種標定。以臨床經驗來說，在分析治療情境裡，當問題被推向無力感和無望感時，是否「伊底帕斯情結」這個詞彙，它的定位功能可以讓個案抓住了浮標，進而改善問題？

臨床上不無可能，但常見的情況是，愛恨與伊底帕斯情結，都只是象徵物，象徵著她不自知的某些潛在本能。不過，這個假設很困難被接受並想像，因為在愛和恨裡糾纏，像是認真過日子的兩種特質，在人類兩項古老重要的情感裡相互糾纏。這是一般人喜歡議論的題材，幾千年來，在神學、哲學、小說、詩等，大都圍繞著這些題材。

在這種失落下，談論愛恨時，會將這議題當作唯一的舞台戲碼，如果舞台後方上演著不被看見的戲碼，容易被當作是想太多了，只是在破壞愛和恨的古老情感，切斷了和古老傳統知識及感受的資源。這是精神分析想要開展不同視野時，將會遭遇的難題。

語言的盡頭是崩潰斷離嗎？

　　要從千年來熟悉的議題，轉向佛洛伊德新創出來的心理地圖和地名，而且還被先冠上「如果不試著想想潛意識，就是阻抗」！如果是這樣，的確不是自由談論的好氣氛，因此在診療室實作過程，自然不可能以這種簡化的方式工作，不過在這裡就從文字裡自由的思索吧！

　　例如，在表面的愛恨故事裡，如果治療師誠實地依據理論和經驗說：「妳在這些關係裡的起起伏伏，是一種自虐」。這種說法所帶來的後果是什麼？有些個案會像鋼娃娃落地，只是摔得凹凸不平，但仍保有形狀。不過對於那些早年創傷的個案，卻可能因治療師說她是自虐，而引發很原始不可理解的反應，如同崩解般，整個人像破碎的玻璃般撒在地上。

　　佛洛伊德在《有止盡與無止盡的分析》裡提過，在技術上只管分析，不必做統整。他還說分析如同切斷化學鍵般的功能，被切斷的分子會自行尋找分子結合。他所謂的「分析」應該是指，「詮釋」具有破壞功能，會切斷現有的連結。這個比喻符合我的臨床經驗，但是佛洛伊德說的，只管分析，不必統合的技法，可以放進所有個案嗎？這就需要保留了。

　　如同前述案例，如果在不適宜的時候進行詮釋，可能就構成治療師的某種攻擊，個案會展開反擊，而個案

反攻讓治療師挫敗的方式，就是在分析治療的結構上動手腳，例如變得不規則來會談或不再來治療，一如破碎玻璃般的反應，讓分析治療的結構崩潰。這時是否需要治療師主動的邀請，讓破碎的玻璃有機會再回到分析治療結構裡，如同容器般加溫而再熔合？或者就假設個案會自行整合破碎的心呢？這涉及臨床的判斷，治療師可能判斷錯誤而造成治療結構的崩解，也可能讓個案對自己有新的了解。

這種如同碎玻璃的比喻，不是佛洛伊德在《哀悼與憂鬱》裡引用的比喻，不過就我的經驗來說，佛洛伊德這篇提到的「客體失落後的哀悼和憂鬱」，是人對於失落所造成的內心空洞。在臨床上個案的眾多反應，可說是如光譜般的，有各種不同可能性，是處在這哀悼和憂鬱兩者之間。

從個案承受失落受苦的脆弱程度來說，有些人如同鋼娃娃，有些人則是如同玻璃製，在人際上相當敏感、相當易脆，甚至善意都可能被當作攻擊，容易變成破碎的心般，造成難以收拾彌補的關係。如果治療師不了解這些可能性，就可能對個案的狀態有過度的罪惡感，以為自己說錯話或者說對話，而造成個案的崩潰。

孤寂的雨落不停，深巷裡有暗的黎明

再回到空洞的比喻。在臨床上個案有眾多的說詞，

如同佛洛伊德在《哀悼與憂鬱》這篇文章裡所提的，失去重要客體後，在自我所留下的空洞感。如果解讀這篇文章，可以如前述以光譜般的多重性，來觀察哀悼至憂鬱間的眾多可能性；畢竟臨床實情，個案的說法和問題，大都是在光譜的某個區段裡。這句話的意思是，一般來說，哀悼是指失去重要客體後，當事者覺得客體失去了，而不是如後來演變成憂鬱者那般，覺得自己的某些部分也跟著客體而流失了，以致留下一個空洞的感受。

兩者差別在於，哀悼者可能不覺得自己有空洞感，只是遺憾和傷心客體的失去；而憂鬱者可能覺得自己處於空洞感裡，自己的存在失去了意義。不過依臨床經驗來說，這不是兩極化的存在，但當事者自覺的程度有很大的落差。對於不同人，常是哀悼作為一端，憂鬱作為另一端，或許可以說，每個人都是處在這兩端點中間的某種狀態。

我是難以相信，在人的生命發展過程裡，會完全沒有帶著憂鬱特質的失落感，畢竟，客體失去後，人們多少留有某些空洞感，這比較貼近診療室裡看見的實情。

由於這種實情讓人們對於空洞感和空虛感的反應，同時隱含著哀悼和憂鬱的特質。只是兩者佔有比例的不同，造成整體上外顯的模樣是有些不同。因而像詩人里爾克在《孤寂》詩中描述，「孤寂的雨落不停，深巷裡有暗的黎明，當一無所有的身體分離後，落寞悲哀，各

走各的路，當仇恨彼此的人們，不得不在一起：這時孤
寂如同江河，蓋滿整片大地……」

與其說不同的人會如此，倒不如說每個人可能都同
時隱含著這兩種可能性。我這種主張是源自於臨床觀察，
另外也常聽見的是，如果只是二分法兩極化的存在，在
處理的方針上就會被推論為，要把憂鬱拿掉，要把空洞
填滿。在處理人的事務上，這是可能的任務嗎？

早年遺留下來的空洞感，可以用填滿作為處理方向
嗎？填滿，是可能發生的嗎？或者如預期的填滿了，那
麼當事者的憂鬱就會不見了嗎？孤寂感就會消失了嗎？

成功卻一無所獲的空洞感

我以另一種常見的情形，來反證前述處遇方向可能
面臨的困境。臨床上常見一些婦女，在年輕時可能和先
生相處不佳，先生少顧家人，她辛苦帶大小孩。或者一
些婦女會填滿小孩下課後的所有時間，因此將所有時間
都用在接送幾個小孩，到不同地方上不同的課外課程。
每天就用填滿小孩時間的方式，也填滿了自己的時間。
這是以母親的角色，所做的填滿生活空檔的方式。

不能說這一定是問題，或許，小孩可能很有收獲。
但值得來想一下，這種填滿時間的方式，除了設想的幫
助小孩外，和填滿內心空洞的關係是什麼？例如，當小

孩子長大了，外出工作成家而少回老家了，母親開始出現身體的病痛或恐慌。她可能覺得或不覺得有主觀的憂鬱感，因為只要小孩回來照顧就會好些，但小孩必須回到自己的居所工作和照顧自己的新家庭後，母親的病痛又再度回來。雖然各式檢查儀器都顯示，並沒有目前眼見的重大疾病，然後一科看過另一科，以看病將自己的時間填滿。

這種時間的空洞，只是這時候才存在嗎？或者在當年就存在了呢？前者是照顧小孩的身體和學習，此刻是照顧自己的身體，兩者都是重要的事情。但是從此刻來看，卻隱隱浮現著是當年全心全力照顧小孩，以致忽略了照顧自己的結果？如果這種因果的想法存在時，這只是一種合乎邏輯的推論，或隱含著潛在的抱怨，甚至是攻擊自己的小孩呢？攻擊的對象，卻不再是以前的小孩，而是目前長大後不在身旁的小孩。也許有人會覺得這個假設太過頭了，作為母親的，怎麼可能會帶著這些潛在的情感呢？

心理學的推論常遭遇很大的難題，一是如果針對某特定個案這麼說，就算她有心求助，這些直白說法可能是無效的，甚至會引來反彈和攻擊，被認為輕忽個案身體潛在的問題，因為沒有人可以回答，是否可能真的有病，只是目前的檢查儀器和檢驗無法檢測出來？不過，雖然如此，不必然得推翻心理學的假設，只是這些假設

要用在臨床的瞬間，顯然還需要想像其它的課題，才有
可能讓這些假設被思考是否需要被修正？

　　從前述案例來看，反映著另一個課題，做母親和後
來的做自己，兩者是相重疊的，或者是兩件事？可以整
合一起或難以共榮呢？做母親的角色完成了光榮的任務，
小孩可能有成就了，但後來卻是個案要做自己，照顧自
己，這前後產生了隱隱的衝突嗎？可以教育做母親者要
有心理準備，養小孩不是爲了防老嗎？這種說法能夠填
滿內心以及在時間上的空洞感嗎？或只是惡化這種情況，
讓出路反而消失了呢？

　　我以這些想法再回頭來談，佛洛伊德在《哀悼與憂
鬱》裡，關於自體和自我的混用，以及這些混用如何影
響我們的臨床思考？

ego和self是硬幣的兩面，誰能設定呢？

　　當佛洛伊德說，失去重要客體後，當事者的某部分
也跟著失去了，因此失去的不只是客體，而是自己的某
部分也跟著失去，因而出現低自尊的現象。這是一般的
哀悼現象裡不會出現的，這種說法裡提到的，自己也跟
著失去了而影響自尊，依語言的習慣，「自尊」是self-
esteem，是self的課題。但是隨著重要客體的失去，同時

跟著失去的自己是指什麼呢？如果是指ego上出現了陰影或空洞，那原本是客體所在的心理位置。或者如果說是self出現空洞，這是什麼意思呢？兩者的差別是什麼呢？

其實佛洛伊德的文章，常是兩者交互混用，如果以佛洛伊德的定義，ego是原我、超我和外在環境的奴僕，不過，self的概念在佛洛伊德的思考裡，並沒有如ego那般被強調。這也反映在Laplanche ＆ Pontalis合著，以佛洛伊德的概念為主而寫的《精神分析辭典》裡，ego佔了很大的篇幅，有十三頁，如果再加上和這字直接相關的詞彙，如ego-ideal, ego-instincts, egoism, ego-libido, ego-syntonic等，後者這些佔有八頁。

但是並沒有獨立的self條目，日常語言裡不會使用ego-esteem，意味著ego和self有所區別。在美國self-psychology的發展，多多少少相對於ego-psychology，也許我們可以再從這些現象，來思索佛洛伊德在《哀悼與憂鬱》裡兩者的混用。現在來看，或許是他有所不察的所在，讓後來者有機會從這裡再出發。或從另一角度來說，在語言的習慣上，兩者是有重疊的地方，也就是，任何現象或有自己的感受浮現時，是無法完全區分出self和ego的。

只是一般語言是有self，而佛洛伊德是擴充使用ego的概念，因此他的混用也許隱含著，實質上兩者如硬幣兩

面而無法截然劃分。雖然在概念上可以依佛洛伊德定義的來思索，而看見了前人未見的領域，但是後來對self的著重，也再度看見了佛洛伊德未詳細看的所在。

這個所在，對臨床有什麼影響呢？以前述案例來說，有空洞和空虛，在ego或self差別何在呢？佛洛伊德的設定，ego是原我、超我和外在環境的奴僕，是服侍這三位主人的角色，這三位主人都是殘酷的主人，堅持要滿足自己的需求，ego只能在三位主人的需求下，找出妥協的方式，讓三位主人都能滿意。至於self，如前述，佛洛伊德的說法是沒有如此明確。

空洞、空虛或低自尊是什麼？

以目前的想法來說，self比較貼近是，一個人覺得自己是什麼的內容，是一種主觀的感受，或者說是一種不自覺的覺得自己是怎麼樣的人，因此有可能和別人的感覺是不同的。至於它的內容是什麼，可能因人而異，很困難直接描述它是什麼，而是在有問題時會浮現出空虛感、空洞感或者低自尊等，作為外顯的方式。或者說，self是某種無法說清楚的感受，卻依稀是某種很清楚的存在，可以被說出是什麼的內容，卻都只是它派出場的代理者。

就前述主張來說，涉及ego的大都是潛意識的材料，它所產生的困局，大都是以矛盾衝突的方式呈現出來。所謂矛盾衝突，是指有兩方或多方之間有相反的潛在利益而產生衝突矛盾。就精神分析的技藝來說，涉及的是以詮釋潛在意義爲基礎的手法。

至於self，它所呈現出來的空洞、空虛或低自尊，是否能以詮釋意義的方式來處理？延續比昂的涵容和思考理論，以及溫尼科特的過渡空間和過渡客體的概念，以及葛林在《死亡母親》裡倡議的主動技術，都是意圖有別於以「詮釋」爲主的技術。這不是要推翻「詮釋」的重要地位，而是考量個案的心理狀態是否適合詮釋，或者在當刻有能力了解和思索詮釋的內容嗎？

或者甚至被詮釋的內容二度傷害，而被打垮崩解？個案在這當刻出於創傷所引發的期待，可能只希望有人可以接受他的想法和感受，而不想知道有什麼潛在意義。這是常見的現象，雖然作爲治療師，沒有理由只盲目地跟著個案的需求，否則反而迷失了方向。這種在詮釋和接受的技藝之間，是否還有其它的可能性呢？什麼是接受呢？是做或不做什麼，是怎麼樣的心理態度，才是接受個案呢？我相信，在不同人，不同文化裡，會有不同的說詞和工作手法。

在空洞的牆壁上題詩作畫

　　不過，對於個案的空洞和空虛感，治療師若提供「詮釋」的手法，會像是在空洞的牆壁上題詩作畫，不能說完全沒有作用，但如果是要達到一般期待的，可以讓個案減少空洞感，覺得生命有飽足感，可能不必然能夠達到這種功能。但是所謂治療師接受個案的這種狀態，是什麼意義呢？有人說是同感個案的此種狀態，但接受和同感又是什麼呢？

　　這是很重要的課題，但很難說清楚，需要被不斷述說的技法。至今的精神分析文獻，大都是以「詮釋」為核心技術，對於什麼是接受，什麼是同理，似乎相對的被當作不是精神分析的核心技法，反而被其它非精神分析取向者當作重要的治療技法，以有別於精神分析的技法。甚至，以此要來證明，精神分析是冷酷，不近人情的專業。

　　例如，可能有人會說：面對某人走路踢到石頭而腳趾流血時，精神分析會問你為什麼要去踢石頭呢？而不是先關切流血的問題，是否需要先處理。如此看待精神分析是有些過於制式化，不全然是精神分析的實情。不過，也不得不想，何以非精神分析取向者會如此看待精神分析呢？

　　回頭來看，當我們詮釋某些問題的潛在意義，也可

以說是詮釋潛在動機，是假設某些潛在動機造成目前的問題。精神分析取向者如此強調自己的特色，以致於目前的各種情結的概念，都是在這種傾向下形成的專業術語。然而，這些情結真的是後來問題或症狀的成因？是否精神分析取向者過於樂觀，甚至過於簡化了這種因果關係的結論呢？

臨床常見的是，某些人宣稱要做自己時，卻讓周遭人物覺得被他剝削，覺得他只顧自己，甚至治療師在診療室裡也是這種感覺。雖然個案的家人和朋友都覺得，他們幫助個案不少忙了，但是個案的感覺是相反的，常覺得根本沒有人要幫助他。他忽略了那是最後的結果，起初是有些人嘗試要幫助他，最後卻總是無法做到讓個案無止盡的滿足。

個案覺得他只不過是要做自己！在這種情況下，要做自己的那個自己，是接近自戀，也就是一種難以言喻，無法說清楚，而且難以了解的那種狀態。

我要談論的自體，依據臨床的經驗，是讓自體貼近自戀層次的自體，這是更接近自體裡難言的所在。也是個案常說的：「莫名，莫名的不安！」這莫名是可能更指向自體，也就是，到底自己是什麼？這是說得出來的嗎？一如我們說，人性是什麼？很多語言來描述它，只是意味著我們難以接近它，或者如佛洛伊德常比喻的，它是我們所不了解的原始人。

　　雖然有人可能解讀，這是對於原始人的輕蔑，但是從不了解的角度來說，當我們面對眼前出現卻無法了解的人類行為，也許以原始人作為比喻，仍有它值得想像的地方。畢竟，對自戀和原始人的比喻，以精神分析來說，原本不是一個批判或有價值判斷的字眼，而是傾向要尋找被文明遮掩的領域，是否還有什麼影響人類行為的所在呢？

關於空洞感的想像

　　如果個案的問題是起源於空洞的自體，治療師需要什麼樣的技藝呢？雖然有前述的接受或同感的技法，但是接受什麼？同感什麼？為了免於先入為主，只依這詞彙的表面看法而推衍假設的治療技法，我試著提供幾個關於空洞感的想像，作為思索接受或同感可能是指涉什麼的方向。

　　如果個案述說，他們內心空虛和空洞的同時，展現的大都是和周遭人事物的矛盾衝突，如果我們將這些周遭的矛盾衝突，想像是人處於空洞裡很孤寂，需要有一些聲響被創造出來，那麼這些周遭發生的事件，就像當事者的說詞，是有目前現實上的種種原因，但是這些矛盾衝突是否多多少少反映著，他們從小至今，為了不讓空洞如此難熬而創造出來的結果？

這種說法容易被誤解為，是當事者故意製造出來的衝突，但我的說法是指潛意識運作出來的結果。這些矛盾衝突是空洞裡的聲音，來來回回，造成了如同迴音的效果。如果這樣子，當我們想像，要減少死寂的空洞感，所謂接受或同感，是指要做或不做什麼呢？

第二個比喻：家是四面牆壁的地方，它是有中間的空洞，如果沒有空洞作為人和傢俱安置的所在，是不可能成為家的。關於人難以有著落感的緣由，比喻上來說，一般也不會覺得用傢俱和人將家的空間塞得滿滿，才是好的家的感受。但是在臨床的思索上，當某個案形容內心空虛或空洞時，如果治療師不仔細思索，可能會容易認同個案所期待的，要盡一切努力，讓個案內心空洞能夠飽滿。

這個比喻是適切的嗎？也就是，內心空洞是需要飽滿的感覺，才會是最大的動力來源嗎？或者內心空洞和一個家的比喻，是接近的；一般來說，不是以塞滿作為努力的目標。甚至，這個欲望就是問題的所在：一是，不可能達成的欲望；二是，若達成了也是窒息的開始。

每個人對家是什麼模樣的想像，可能深刻影響著治療師或個案對於分析治療過程和結果的想像，這些不自覺或意識上的不同想像，也可能影響著療程的動力和方向。例如，如果治療師的詮釋，在某些時候，就只像是在家裡的牆壁掛上一幅美麗詩詞，那麼，還得觀察是否

還有其他位置，或者就算還有空位，這幅詩詞在這個時
候掛上去，會產生什麼效應呢？常看見的是，不少詩詞
被掛上後，卻不見得被持續關注。

　　第三個比喻：就像家是個有趣的空間，某些人喜歡
自己或一些朋友有個秘密基地或洞穴，例如，防空洞在
某個地方，可以讓人天馬行空的想像；或者在牆壁上，
用石頭的尖端刻著想像中的，誰愛誰的秘密。這種空間
的存在，也許反映著小孩在家以外的空間想像，可以任
意想像和創意，對著牆壁上的空白，或者某個人或動物
剪影，談論心情。這有點像溫尼科特所說的，過渡空間
的意味。也許可以想像的是，個案描述的內心空洞是什
麼樣的呢？那麼，如果是某種空洞時，治療師能做的是
什麼呢？

空洞如家鄉或廢墟

　　第四個比喻：家鄉是什麼？家鄉浮現時，有溫暖，
也有已經過去了的落寞感，如同對於黃昏的感受。佛洛
伊德在1915年的短文《論無常》裡，隔空和詩人里爾克
及莎樂美交換心情，描繪對於黃昏的心情。家鄉對某些
人來說，是想要逼自己忘記某些印象和感受的綜合，有
種想要忘記卻忘不掉所帶來的某種影響，或以心頭壓著
石頭般來描述。這些眾多的可能性，從夕陽帶來的感傷，

到不希望夕陽再出現以免傷感，兩者間是有一塊廣大差異的感受；或者也有哀悼至憂鬱間的混合感受。

何者較貼近實情呢？對家鄉感受的方式，會如何影響診療室裡，對待和想像個案說著他們的空洞感呢？這只是記憶的課題嗎？或者更涉及想像和創意的課題？就診療室的工作來說，何以這些空洞感和空虛感，變成了會把他自己吞沒的所在，而讓所有衝突和矛盾，更像是還在掙扎中，一種不死心的掙扎。但是何以又是死亡的況味，不是立即的，而是某種腐朽慢慢發酵的情況。要如何挽回或暫停這些腐朽呢？

第五種比喻：個案談論過去的經驗是空洞，卻也是他早年至今內心所在的廢墟，或像是戰後的廢墟，例如，防空洞和其它之類。這個廢墟可能來自小時候家屋的破敗，或還是堅固的家屋，但是後來以廢墟的方式存在個案的心裡。那麼，當他在診療室裡再展現他的廢墟時，治療師要如何想像這座廢墟呢？也許個案不只內心如此，而是整個生活也是零零落落，好像隨時等待大雨來淋得滿地濕淋淋。

我們在這些外在環境現實的壓力下，想像一座有價值的廢墟，代表著那個年代的某些心情、某些感受，和生活方式。個案無法代表所有人，但可能反映著那時代某種共感的特徵，也就是，當時台灣人精神史的一部分，涉及想像的文化重建的古蹟保存課題。不過會遭遇的挑

戰是，大家會想要如此看待眼前，以矛盾衝突型式存在的受苦嗎？

精神分析更像是實務的詩？

第六種比喻：個案在空曠沒有道具的舞台上表演，一個人的舞台，是他自己要的，某種不安在他的表情和肢體動作裡，散發出某種難以說明的氣氛。表演後，他總是覺得那不是自己，也不是自己想要表演的樣子，甚至覺得根本就不是自己站在舞台上。他很遺憾無法讓真正的自己，在表演過程被看見。但那是什麼要被看見呢？如果不覺得站在舞台上的人是自己，那麼他期待被看見的是什麼？

或許那也是自己，是一種自己不覺得自己是自己，卻期待被看見的自己。很拗口的說法，不過卻是臨床常見的景象。這種難以言說，卻又是很具體的感受在流動著。此時，治療師是什麼呢？導演？還是什麼呢？

命題是這樣設定的嗎？如何讓當事者表演自己，覺得被看見了？這是怎麼樣的過程？只是自己要被看見？或許這是最重要，也是他們覺得最有意義的地方；或是要再給予什麼意義，才會更有意義？一個人可以只是覺得，被看見了，就是有意義了？這麼說的人，如果真的被看見了後，還只會是這樣子嗎？是否會有更多的創意

在舞台上，而過程都是他自己的展現？

第七種比喻：我提出了運用策展人的概念。推想分析治療的過程，是否有部分工作很像是策展人要策展一個展覽？地點可能是古蹟、破敗的工廠、街頭的某個角落、高級餐廳的一角，或是美術館和博物館等地方。我們提供一塊空曠的地方，假設個案進來診療室後，開始描述自己的故事時，他的心中是策展人要佈展自己，會有一些精心挑選過的主題和概念，作為支撐整個展覽的基礎。

不過，就算只是電光石火的閃過，不可能沒有留下，不自覺而更值得思索的內容。個案來到診療室時，彷彿像是讓自己和其他人，可以透過某些流程和說明，參觀空洞裡所展現的創作品呢！這些創作品來自個案在生活過程裡，累積下來的成品和遺跡。可能是傷痕和受苦，個案會述說這些歷史，以及他認為的前因後果。

不只如此，還會有美學創作和建構，一如在空洞裡題詩或作畫。古代洞穴裡的發現，在這個比喻下，我們如何想像治療師的位置和任務呢？不只是概念的知性表達，也有感性的美學課題，雖然我們可以問的是，這些需要被納進精神分析取向裡來思索嗎？英國精神分析作家亞當菲立普（Adam Philips）曾說過，對他來說，「精神分析更像是實務的詩（practical poem）」，這說法也許有我前述的這些意思吧？

假我，它變成先鋒的風險

以上種種比喻，是想要擴展臨床現象的更多想像，我的確少放了科學或生物醫學相關的比喻，也許這部分反映著，我目前所涉入的焦點。佛洛伊德當年曾以外科醫師的手術過程，來比喻精神分析實作的態度。

不過無論是何種比喻，我們想問的是，何以做自己，不是就只是單純的做自己，而是需要以「不要管別人怎麼看自己」作為前提呢？實情是什麼呢？果真以前在意別人的眼光嗎？或者早就讓周遭者覺得，他一直是在做自己，旁邊的人只是說不出口。但何以這種方式的做自己，卻不被自己知道呢？這涉及建構自己的心理世界的過程，是不自覺的運作過程。個案如何在治療過程裡體會到，空虛和空洞感，了解它們不只是遙遠時代的故事，而是一直殘留下來的空洞。包括後來，甚至在說話當刻，他仍是一直在參與創造這個空洞的模樣。是否空洞能被填滿？或者這不是值得期待的想法？

更真實的是，空洞必然存在！差別在於用什麼來裝飾牆壁，或有什麼擺設，讓生活在空洞裡有不同風味、不同品味，因此造就了一個人的生活實情，也就是，如果實質地每一步都是在此時此地的基礎上，這些一步一步的了解，就構成了自己的此時此地的樣貌。

這種此時此地的說法，如同我們的語言裡所說的，

「活在當下」，這不是容易的事！對精神分析的觀察來說，涉及了意義內容的建構。佛洛伊德於《在分析裡的建構》提示精神分析的企圖：「如何從成人的精神官能症裡，建構出孩童時期的心理學？」這涉及了在有限的島狀記憶和症狀裡，以目前的經驗來想像和猜測當年的心理學——屬於自己的心理學。

這個自己包括了，self的自體感受，以及ego作為代理者所進行的種種妥協機制，維持著個體在難以避免的失落和不同程度的創傷裡，仍能持續走下去。儘管要冒著如溫尼科特所說的「假我」，它變成先鋒的風險。但是，這是人類生存的實情；這個「假我」，是人的實情和樣貌。

說了這麼多，是要個案就這樣過日子嗎？這是當事者的決定，旁人很難指三道四，硬是以最理想的方案，要他來過別人的人生。但如果當事者有興趣想要了解：「人生何以至此？」是否還有其它可以想的？如何在這些空洞或假我裡，思索和建構自己是什麼？如此，這條路才可能開始。

標題所呈現的疑問，以疑問作為思索和想像的開始，一如我在這篇文章裡想要觸及的想法。我暫時回到佛洛伊德在《哀悼與憂鬱》裡的說法作結。

他表示，人在失去客體後，會變得有低自尊、空虛
和憂鬱的跡象，是當事者自戀式的認同已經失去的
客體。這個想法看似明晰，不過卻需要更多的想法，
來細論什麼是自戀式的認同，何以它會這樣子發生？
如果這個概念，在他這篇文章有重要位置的話，卻
還留下不少需要說明的細節，這是我們另一些想像
的開始⋯⋯

路過小時候的故事
卡其上衣前胸口袋裡
一卡舊皮箱
三不五時打開流浪兒
偷偷看著刺繡六年仁班裡
導師有些兒也有點胖胖
她說不標準國語
在我舌頭剛剛急轉彎時
倒出一群會背式跳高的話
滑倒在溫情裡

自己的空虛沒有名稱：
慢慢轉勢的所在

　　延續前文提及的空洞和空虛感，在臨床現象和
臨床處理技藝的想像，以及七種相關的比喻，目的
是在於個案的空洞和空虛感，我們建構和想像了什
麼？是否佛洛伊德晚年提出的建構，是更重要的技
藝，而「詮釋」只是其中的一環？如果我們依循佛
洛伊德的古老指示：施行技術的結果是個案能夠自
由聯想，不是以要獲得治療理論為主，而是個案自
己建構自己的過去、現在和未來。這裡需要一個心
理的所在，而且裡頭有它的工作者或協調者，以及
運作機制。這將會影響臨床處理的技藝。

　　本文將針對前文的七種比喻，進一步想像臨床
過程的經驗，並思索佛洛伊德在《哀悼與憂鬱》裡
的說法。他表示人在失去客體後，會變得有低自尊、
空虛和憂鬱的跡象，這是當事者自戀式的認同失去
的客體。這個想法看似明晰，卻需要更多的想法，
來細論什麼是自戀式的認同？何以它會發生？如果

這個概念在他的文章有重要位置的話，他是還留下了需要再探索的內容，卻是另一些想像的開始。

另外，在本文嘗試用我們日常用語裡「什麼的『所在』」，來思索這個語詞和溫尼科特所說的「過渡空間」的關係，讓我們在談論空洞和空虛感時，也有個「所在」可以想像。相對於現有的精神分析技藝，除了「詮釋」外，還可能包括同感、支持、對談、交流、建立關係等基本技藝。實作過程是千變萬化，需要建構我們對於人的空虛和空洞感的想像，並在這些建構裡思索技術的使用方式。重要的是，任何技藝介入的目的，是為了使個案能夠更自由地談論他們自己。

空洞感和空虛是可以被思索的對象嗎？

如果個案的問題是起源於這些空洞的自體，這是從某些個案除了抱怨他們的精神官能症狀，如抑鬱、焦慮、不安和飲食等問題外，還常說出來他們的空虛、空洞或莫名的不安等。有時，不是他們親口說出來，而是治療師在互動過程的感受，但又不能硬說個案一定是這樣，只是隨著治療過程，這種空洞感愈來愈明顯。當我這麼說時，是什麼意思呢？是什麼變得明顯了，這種感覺可

能很明確，但是如何描繪這些明顯的感受，成爲可以溝通和思考的材料呢？

那是主觀感受，卻是眞實存在的所在。就像有時候，你覺得某個人很可靠，覺得這個人的存在就對你很有意義，你甚至不需要去打擾對方。也就是這個人在你心中的位置，比你實質去看見他還重要。那是什麼呢？我們先假設有這個所在，例如，某人讚許另一個人，說這個人遇見問題的時候不會逃避，會和其他人站在一起，然後某人說：這就是台灣人可愛的所在。就是這個所在，如果想要了解它們，首先我們需要依著佛洛伊德當年建構潛意識的存在，我們所做的也是建構這個所在。這是需要建構的，讓它可以被想像、被思索。

然後才有需要什麼技藝的課題，雖然有前文描述的接受或同感的技法，但是接受什麼？同感什麼？是誰做出這些技術的用語？意識上做得到，或有摻雜潛意識的層次呢？爲了免於先入爲主，只依原本對於這詞彙的表面看法，而假設出某些治療技法，我試著提供幾個關於空洞感的想像，作爲思索接受或同感，可能是指什麼？

在診療室的實作過程是千變萬化，很難事先演練，設定治療師說這個，個案就回應那個。我們對於那種空洞的想像，或者說，如何使用其它的材料，來建構關於人處於空洞或空虛時的想像，這才是臨床實作屆時回應的基礎，並觀察這些介入是否讓個案能更自由地談論自

己。

　　臨床上有時更困難的是，不見得個案會說自己有空虛感，甚至治療師也可能和個案都沈浸在，述說矛盾和衝突的故事裡，想要在故事裡尋找人生之謎或解決之道，而很難聽到這些矛盾衝突，是在某種空虛或空洞裡出現的故事；也就是很有可能空虛或空洞，才是更具有影響力的。接下來，繼續以不同的比喻來建構它的故事。

內心空洞感以及和他人的距離感

　　第一個比喻：如果個案述說內心空虛和空洞的同時，展現的大都是和周遭人事物的矛盾衝突，這是臨床實作常見的景況，會讓治療師覺得一定要先處理這些衝突的場景。這些衝突場景或矛盾的情況，大都是發生在很早以前，或在目前的生活裡，而這些發生在診療室外的故事和情節，左右著分析治療的流程。如果治療師只如個案一時之間的期待，將焦點都放在這些衝突和矛盾時，很容易忽略了這些長年存在的問題，幾乎不可能在眼前短暫的了解下，就可以開出有效執行的策略。

　　雖然個案和治療師可能都會很期待，可以儘快有辦法，可以解決多年存在的矛盾和衝突，卻可能忽略了，在這個時候，個案潛在的移情，也就是個案在長年挫折下，怎麼可能一下子就信任治療師？這不是意識上的不

信任，而是人性的難題，潛在的不信任，左右著個案如何聽治療師的意見，變成主宰意見是否有成效的因子，是這些還難以言語的移情。

雖然不是全有全無的情況，倒是臨床上常見的難題。如果不自覺這種情況，常見的是，任何意見都是無效的結果。讓治療師和個案之間，形成一個新的難解習題，好像治療師是個無用的人，只是讓個案覺得更無助，每次離開診療室，甚至在診療室裡，只覺得是空空洞洞的會談。

個案可能還是說了很多故事和受苦，值得我們想像的是，這種常見的情況可能治療師早就如是感受，個案沈浸在解決生活的衝突矛盾，但是根基上卻更像是在空洞裡，開啓了多台的收音機，讓這些聲音充塞著空洞。

如果我們將這些周遭的矛盾衝突，想像成是身處於空洞裡是很孤寂的，需要有一些聲響被創造出來，那麼周遭後來發生的事件，就像當事者的說詞，是有現實上的種種原因，但是這些矛盾衝突，多多少少是反映著，他們從小至今，爲了不讓空洞如此難熬，而創造出來的結果？是人在困局下，要生存下去的重要技藝，只是時過境遷了，很多的感受和判斷，依然留在當年的情境裡？這是人性上很難的處境，沒有好理由來批評這些謀生策略，但是偏偏不得不面對後來的處境。

例如，個案抱怨父親當年待她不當，使她到現在無

法和別人有好的互動，她也提到來治療前，都會事先準
備要談些什麼事，不然，她覺得來這裡時會頓時變得空
空的。我們可以看見個案如何隱晦地，將早年的失落變
成後來和其他人互動的匱乏，以及來到診療室創造出來
的空洞感。

矛盾和衝突在空洞感裡的迴響

從另一角度來說，個案在生命歷程裡，為了不讓自
己感受到生活的空洞，花多少力氣在想故事來述說，或
要讓生活上出現多少衝突，成為可以讓自己的心思有所
關注的焦點？為了生存下去的潛意識運作結果，這種說法
離個案意識上的「知道」，可能仍得不少時間的體會。
這種內心裡的空洞感，造成後來和他人間的距離感，好
像和他人之間造成了某種空洞。這種心理學上空間轉換
現象，在臨床也是常見的。

如前述，以人和人的衝突和矛盾為主要現象，甚至
也常被想像成，以為只要解決了和人的衝突和矛盾，然
後和他人之間，就可以比較親近，而忽略這種距離感的
深遠。這種內心空洞感以及和他人的距離感，跟現象上
衝突矛盾的解決，是兩個不同層次的課題。臨床上是常
見，解決了衝突，卻反而變成更遠的關係。也許這是反
映著，個體內心裡的空洞造成的和他人的距離，而衝突

是用來刺激關係繼續活著的方式，但是關係活著，卻不必然就是親密感的增加。

　　這些矛盾衝突是空洞裡的聲音，來來回回，在空洞裡造成了迴音效果。如果這樣子可以減少死寂的空洞感，所謂接受或同感，是指要做或不做什麼呢？臨床上，可以想像的是，我前述的這些說明，仍處在覺得要先被處理衝突的個案，他們能夠聽進去這些話嗎？這是很臨場的判斷，可能判斷錯誤，說了一些個案不了解或覺得被治療師誤解的話。

　　不過，我想說的是，在技術上常被化約成，是不是要說，該不該說，但這是二分法的兩極化的思考，很難有答案。根據前述說法，如果說了，可以讓個案更自由地想像和談論自己，那麼，這些話自然是有用的，甚至是必要的。但這不只是有用或無用的端點式的現象，而是在有用和無用之間，有很寬廣的可能性，不可能期待說了什麼或做了什麼，就馬上解決了空洞感和空虛感。

除了牆壁，家還有什麼？

　　第二個比喻：家是有四面牆壁的地方，它是有中間的空洞，一個沒有空洞作為人和傢俱安置的所在，也是讓人難有著落感的緣由。就如個案說，他來診療室前一定要事先準備，要來談什麼話題。雖然他記得治療師告

訴過他，可以談腦海裡的任何想法，但是他每次一定要準備談些什麼，寧願多準備一些題材。如果沒有事先準備，他覺得到了診療室就是空空的，就像有時回到家裡，覺得家裡怎麼空蕩蕩的，這種感覺使他很恐慌。

有趣的是，何以準備了想說的話題，就不再覺得空空的？如果這樣子，在家裡的空蕩感，是沒有人準備聽他想說的話？不過就實作經驗來說，如果只依著個案所要的去做，並不必然會帶來個案需要的結果。例如，過得更自由，更有自己的感覺，這可能是個案想要的，卻不必然是他需要的。在想要和需要之間，並非二分法般的清楚界線，也涉及誰來決定呢？當然不是治療師，是個案本人，只是這需要拉長時間來看，才有機會弄得清楚些。

就比喻來說，在空間上，我們不會覺得用傢俱和他人，將家的空間塞得滿滿的才是好的家，但是在臨床思索上，當某個案形容內心空虛或空洞時，如果治療師不仔細思索，可能會容易認同個案所期待的，以為要盡一切努力讓內心空洞能夠飽滿。常會出現的是，治療師可能在個案緊逼下，想要提供一些知識，來說明個案的症狀之外的其它理論。

好像給了這些理論，可以當作是帶回家中的傢俱，雖然傢俱有傾向實用，也有傾向裝飾用。不論是實用或裝飾，若是兩者功能都有的傢俱，也會顯示當事者的品

味，雖然談論品味，並不是精神分析裡常有的主題。

　　這個比喻適切嗎？也就是，內心空洞需要飽滿的感覺，才會是動力的最大來源嗎？或者內心空洞和一個家的比喻是接近的，不是以塞滿空間為努力的目標？甚至想要塞滿空洞的欲望，就是問題的所在。一是，那是不可能達成的欲望，二是，若達成了，也是窒息的開始，家被很多東西塞滿了，反而是變得動彈不得。

「詮釋」，是家中牆壁掛上一幅詩詞？

　　一般來說，如果不是以家的概念來比喻空洞和空虛感，通常還是會傾向以塞滿空間作為目標，好像只要留下一些空間，就覺得沒有改變，忽略了這種現象可能是反映著，心理現象的空洞和空虛感。就算是被其它成就所壓縮，不再有空間感時，在心理上仍存著空洞和空虛感。

　　如果以光亮了，暗黑就不見，來比喻要讓這個空洞感見光，就家的比喻來說，覺得空洞空虛的人回到家後，可能全亮燈，也有人喜歡待在黑暗裡，但光亮了，暗黑就不見的模式，可能不必然適用於所有空虛和空洞感。

　　每個人對家是什麼模樣的想像，深刻影響著治療師或個案，對於分析治療過程和結果的不同想像，這些不自覺或意識的想像，也影響著療程的動力和方向。例如，

如果治療師的詮釋，在某些時候，像是想要在家的牆壁上，掛上一幅美麗詩詞，就得看是否還有位置，或者就算有空位，這幅詩詞在這個時候掛上去，會產生什麼效應？也常常看見的是，不少詩詞被掛上後，不見得被持續關注。

不過，如果將處理空洞感，當作是處理在家時的問題的話，由於我們通常假設個案目前的空洞和空虛感，可能是起源自生命早年，和父母的關係以及嬰孩自身的想像有關，但是和父母有關，就等於和家的感受有關嗎？也就是，父母和家，在嬰孩的心理發展過程是相同的嗎？或只是平行共存的想像？嬰孩是在什麼時候，有父母就是家的感受？兩者之間，是透過什麼的心理機制而連結起來呢？也就是溫尼科特的專書，家是我們出發的所在（Winnicott, Home is where we start from）。

對於母親和嬰兒一體的說法，和家的連結是什麼？是以什麼方式連結起來？就心理感受來說，都是主觀，但父母是具體提供撫育的角色，而家是一個所在，可以遮風避雨，影響人的穩定感和歸屬感。但這是什麼意思呢？和長大後有個自己的家，卻不見得是有父母在一起的，兩者是一樣的嗎？起初是想要建構出有個家的感受，並覺得家是可以醞釀出什麼的所在。

秘密基地的哀悼與憂鬱

第三個比喻：就像家是個有趣的空間，但某些人的經驗是，喜歡自己或一些朋友有個秘密基地或洞穴，如防空洞。在那個地方，可以天馬行空想像，在牆壁上用石頭的尖端刻寫，誰愛誰的秘密。這種空間的存在，一般的經驗裡，不必然是覺得家裡不溫暖之類，才會需要有一個秘密所在。只是為了要有秘密所在，或這是可以任意想像的所在？或兩者密切相關，有些人的經驗是自己的秘密所在，有些人是朋友們一起的秘密所在。

如果要使用這種秘密所在，或是一般常說的秘密基地之類的現象，來比喻個案的衝突後方的空洞和空虛感，想像著如果是有秘密基地的功用時，那是令人懷念的所在。但何以一般所說的空洞和空虛，是說話者不太想要的處境？這種不太想要的反應，是隨著時空改變而衍生出來的結果？

也許就像佛洛伊德比對哀悼和憂鬱現象的異同，產生了《哀悼與憂鬱》這篇相當重要的文章，讓我們開啓了不同的視野，看待日常和病理之間的關係。雖然日常和病理之間，那條界限位於何處，落實在時時刻刻的處境時，要能夠完全清楚的分割，是一件不可能的事，也就是，大都是處於混合著不同比例程度的哀悼和憂鬱裡。

一如我從臨床所見，哀悼和憂鬱是重疊地一起，出現在大部分人的處境裡。有人會引進夢想的概念，來說明在秘密基地裡的想像，是有夢想的地方，這個夢想的說詞是被賦予有希望的想像。但是難道個案呈現的空洞和空虛感裡，就沒有夢想嗎？或者個案所說出的，生活上的種種衝突矛盾，是夢想的一部分？或者是要走向夢想前所遭遇的激烈抵抗，不允許自己有夢想嗎？何以說，被說出來的衝突矛盾，可能是夢想的一部分呢？

秘密基地裡勤練的想像是要溝通的嗎？

畢竟這些都是當事者此刻重複受苦的事件，這麼想像是否會讓當事者覺得，是自己的潛在夢想實踐的結果，意味著眼前所出現的衝突，是個案自己找的嗎？的確這些描述的方式和感受，影響著這個比喻被如何想像和經驗。

或者影響著當事者是否願意，在自己的決定外，另有其它的想像呢？如何使得這些想像，不是被當作故意責備當事者？在語言的描繪上是很大的挑戰，因為這些說法挑起難以思索和消化的經驗。但是作為精神分析取向者，如果在想像上不敢思索個案潛在的心理真實，忽略那些可能會撼動心理世界的想像，是很難在和個案的長期工作裡，能夠產生新的可能性。

　　至於要如何說，什麼時候說出來，自然也是得慎重的課題。因為慎重說出，並不是只意味著治療師的客氣，而是那是和個案的溝通，溝通的目的是，個案能夠有些了解，雖然可能不同意，但是讓個案能夠更自由想像才是重點。

　　這個過程就像小孩子在秘密基地裡，勤練自己的想像和說法，那是和外頭的成人世界溝通的某種方式。這個比喻意味著，個案的空洞和空虛感，也有某種秘密的活動在進行著，準備著要和外界溝通的意圖。由於當事者可能還無法自覺，他們形容空虛時，可能還帶著早年的不滿，使得其他人處於怕被捲進那種空洞裡，而不是如同秘密基地般，是充滿想像和情感投注的所在。或者空洞和空虛感裡，也是如此期待，只是原本是小時候具有想像力的期待，但現在是大人了，卻無法調整至和大人溝通的頻道，因此一直無法有效送出，當年在秘密基地的想像和期待？

　　秘密基地也許反映著，小孩在家之外的空間想像，可以任意地創造想像，對著牆壁上的空白，或某個人或動物剪影談論心情。這些是有些像溫尼科特說的過渡空間的意味，也許可以藉由這些描述，想像個案描述的內心空洞是什麼樣呢？那麼，如果是這種空洞時，治療師能做的是什麼呢？或者這些比喻反映著，個案說出或無意中呈現的空洞和空虛感，是相當多樣化的可能性。

家鄉只是近黃昏的感受？

　　第四個比喻是：家鄉是什麼？尤其是指長大離家多年後，所浮現的家鄉。家鄉浮現時，有溫暖，也有已經過去了的落寞感，如同對於黃昏的感受。佛洛伊德曾在一篇短文裡，描述《論無常》夕陽無限好，只是近黃昏的感受，據說是和詩人里爾克和莎樂美的隔空對談。這是常見的寫作題材，被浪漫化的土題，常常是說了很多後有短暫的暢快感，但是並沒有因為某次感覺後，就覺得很滿意了，夠了。

　　好像那是某種空間的存在，只要有一些跡象出現，就會再度掉進所謂鄉愁的感傷裡，這是針對好的經驗的反應，可以從鄉愁裡取得一些感傷，卻可能有創造力的感受。

　　對某些人來說，卻是個充滿不愉快的感覺，是某種想要逼自己忘記某些印象和感受的綜合，想要忘記卻忘不掉的某種影響。或以心頭浮現著一顆石頭，作為描述鄉愁的感受，只是這種狀態在日常用語裡，是相對比較少以鄉愁這兩個字，來描述想忘卻忘不掉的感受，就像把目前困局的原因，都歸罪於這個一直丟不掉的感受，或者更像是個空洞，以想忘掉的印象存在。

　　從另一角度來說，更像是不斷被複製分派出來的不愉快，丟進這個空洞裡，這種現象反映在診療室裡的情

況，是個案說來分析治療，就像是倒垃圾，好像診療室的空間，或者治療師本身雖是肉體身，但在個案的感受裡，可以是個垃圾桶，這是什麼意思呢？

這個具象垃圾桶的說法，是指有人在聽他說話時的處境是什麼？或這個說法意味著個案內心裡那個空洞，可以不斷被無限複製，且是自己不想要的材料，在被複製後就被丟出來？這是忘不掉的記憶，或是不斷被複製出來的材料呢？如果是這樣子，意味著個案的空洞是可以不斷複製不想要的想法的地方嗎？

這些眾多的可能性，從夕陽帶來的感傷，到不希望夕陽再出現，兩者間是有一塊廣大的差異感受，或者也有哀悼至憂鬱之間，某種混合感受是較貼近實情呢？

對待家鄉的感受方式，會如何影響診療室裡，如何對待和想像個案說著他們的空洞感呢？這只是記憶的課題嗎？或者更涉及想像和創意的課題？不過就診療室的工作來說，何以空洞感和空虛感變成了會把他自己吞沒的所在？讓他們的所有衝突和矛盾，還在掙扎，是一種不死心的掙扎。何以又好像死亡的況味，不是立即的，而是某種腐朽一直發生著，這些腐朽如何挽回，或暫停呢？

個案的感受呈現在很微細的情境，對於現況裡的人事物有某種的格格不入，甚至這種格格不入並非是明顯的感受，而是在某些情況下才會感受到。這些會顯示出某些

界限，至於這些界限也可能反映著，這種格格不入帶來生命發展的侷限。雖然人的生命一定是有侷限的，也不必然這種格格不入是對或錯的課題，而是這是一種機會，透過這種格格不入的感受，發現了某種古老鄉愁和眼前現實之間，好像有個空洞在兩者之間，或者這種格格不入的某種鄉愁感，本身就是空洞感。

慢慢「轉勢」的「所在」

像是城隍廟的匾額上寫的「你來了」，廟宇本身的空間相較於前述的家，在本文是使用類似的比喻，但是兩者間有一些不同的意義。對某些人來說，如果看見「你來了」，就好像回到家，或回到鄉愁裡的感覺。這是回到鄉愁的一種方式，對於鄉愁作為主體來說，是我們的某些感受回去了那裡，如果回頭來看個案所說的空洞或空虛感裡，也有某種程度的這種特質，「格格不入」，但不是巨大衝突而是隱隱作痛。

如果仔細描繪這些細節，不是簡化的反城市，也不是太天真的喜歡鄉下，而是透過這些感覺，探索自己有一個所在，是可以慢慢「轉勢」的「所在」（過渡空間）。「轉勢」是台語，我刻意使用這語詞，自然有我個人鄉愁的親近感，你並不必然對這語詞有我的個人感受，不過當我們說「鄉愁」這語詞時，這是很普遍的語彙，

但是愈普遍的語彙常是隱含更多的多元意義。

這是一個有趣的現象，何以一個語詞可以形成這種局面，如大海般容納了各式想像的投射。但是又不能說它沒有概念的界限，一如個案形容空洞或空虛時，雖然有部分的內容如鄉愁般，讓人回顧或想要回去那裡，但是鄉愁感並不必然是回到歷史事實的家鄉，而是一股複雜的家鄉感受。但是它有某種感受和概念的界限，存在某個地方，決定著某個瞬間的滿意感或飽足感。

那種感覺注定永遠不會消失的現象，很難想像說，有人最後不會有鄉愁的感覺。這是怎麼回事，不論那是好的或壞的經驗，何況這是千百年來，文學藝術創作的重要來源。我也不認為要一廂情願地相信，個案的空洞和空虛感一定有這種潛力，尤其是個案在起初，大都是以抱怨的姿態來描繪它們，好像那是要趕緊拋棄的東西，雖然臨床也看見的是，空洞是無法被拋棄的，它就是這麼神奇。

想像這是一座有價值的廢墟？

第五種比喻：如果個案在談論過去的經驗是空洞，卻也是他早年至今內心所在的廢墟，或者像是戰後的廢墟，例如防空洞和其它類的，這個廢墟可能是自來小時家屋的破敗，或至今仍是堅固的家屋，但是以廢墟的方

式存在個案的心頭裡。

　　當他再展現他的廢墟在診療室裡時，治療師要如何想像這座廢墟呢？也就是個案的投射，讓診療室或者治療師內心，是無法久居的地方，只是一時的懷舊心情，探頭看看，然後就要離開了。也許個案不只內心如此，整個生活也是零零落落，隨時等待雨淋下來，淋得滿地濕漉漉。

　　不過，有時對於廢墟，也會產生不同的感受。我們能夠在這些外在環境現實的壓力下，想像這是一座有價值的廢墟，需要另一種心情和理念，代表著那個年代的某些情感，某些感受和生活方式。雖然個案無法代表所有人，卻也可能反映著那時代某種共感的特徵。

　　例如，某些個案很難以現有的憂鬱概念，作為訴求和溝通的語彙，而以心頭凝結好像石頭壓著的說法，描述目前用一個語詞，憂鬱，就覺得說完眾多現象的集合。目前的「憂鬱」的說詞，乍看包含了不少內容，被冠上憂鬱後，就好像被了解了，然後就出現說，因為憂鬱所以做了什麼事。也就是，「憂鬱」這語彙被假設，像是一棟新建的樓房，所有的問題和現象，都被安置在樓房裡頭。

　　在眾多內容的集合體來說，是否「憂鬱」這個語詞，其實更像是個廢墟，被包括在診斷裡頭的問題和現象，就像裸露的舊傢俱或蔓生的雜草。這個比喻是比較

接近個案的生活史，很難照料自己的生活和人際關係，
使得生活坑坑洞洞，好像生活在廢墟裡。

廢墟裡的文明想像

　　是否這是當時的台灣人精神史的一部分呢？涉及想
像的文化如同古蹟保存課題，不過這種比喻遭遇的挑戰
是，在診療室裡的個案和未走進診療室的人之間，這種
想像會有差異地看待眼前矛盾衝突的受苦嗎？雖然前提
是，每個人都是獨立個體，都有自己的方向為基礎。

　　相對的想法是，廢墟是需要拆除的廢棄物或是值得
保存下來的古蹟？前述的比喻會和一般人的感受相衝
突？症狀就是被當作要排除出去的問題，何以會有是否
為廢墟，或者是否屬於古蹟級廢墟的課題呢？從精神分
析角度來說，症狀自有其內在意義，更常見的是，急於
解決掉某個症狀時，如果內在的創傷和衝突依然存在，
常見另一個問題或症狀會隨時再現。臨床上的顯現方式
可能是，某個症狀改善了，個案也覺得「好了」，但是
治療師卻隱隱的擔心，會不會再爆出其它問題和症狀，
乍看是新問題，卻是原本未完全解決的問題？

　　如果以廢墟來比喻，倒也是真實地呈現了，一般人
對於症狀和廢墟的態度，以為清除掉就不見了。不過，
這需要更多的文明概念和態度作為基礎，並和社會的發

展狀態有關連，也許你要稍轉一下腦筋，想一下我何以做這些連結？但是在目前我相信，對於廢墟，不再是馬上要除之而後快，雖然有可能需要花些力氣相互說服，廢墟的歷史認同和心埋認同的意義。

至少不是不能被思考的課題了，至於如何讓個案感受的空虛和空洞，也成為可以思考的素材，這需要心理某些文明的逐漸發生，只是文明也是「原我」的敵人或對手，需要時間在相互的交手和交會裡，找出各自存在的領域。

獨白的舞台上演著不是自己的自己

第六種比喻：個案在空曠沒有道具的舞台上表演，一個人的舞台，是他自己要的，他的表情和肢體動作裡，散發出某種不安的氣氛，而表演者事後總是覺得，那不是自己，不是自己想要表演的樣子。就現實來說，只要走上舞台，就是過著自己的人生，卻常錯覺地以為，只是表演，不是生活的真實。殊不知任何時刻，不論台上台下，都是過著生活，雖然他的問題是在於任何表演的結果，總是讓他覺得那不是自己。

表演的比喻，是在於有些人常覺得，自己是被別人逼著做某些事，就像被逼上舞台演著別人要他演的戲碼。包括在工作上，如同舞台上的感受，呈現出他們很辛苦

地尋找自己。只是問題大都不是做什麼會是自己，而是做了原本以為是自己想做的事，卻在事後覺得，那不是自己。

好像「那不是自己」才是真正的自己，反而要找尋的真正自己，像在風中尋找一句話，而那句話被當作是自己。

甚至覺得，根本不是自己站在舞台上，因而遺憾無法讓真正的自己，在表演過程被看見，但那是什麼被看見呢？不覺得站在舞台上的人是自己，那麼他所期待被看見的是什麼？或者那也是自己，是一種自己不覺得自己是自己，卻是期待被看見的自己？很拗口的說法，卻是臨床常見的景象，這種難以言說，卻很具體的感受在流動著。

那麼，治療師是什麼呢？只是一般的觀眾，或是他願意讓治療師當導演，卻是重複演著相同的角色，難以在不同角色裡穿梭？一般來說，每個人的自己都是多重角色，多重身份，但大都會被感受是，同一個自己扮演不同角色和身份。這讓治療師變得很困難處理，一來，精神分析取向治療師的經驗，了解如果治療師要變成個案生活舞台上的導演，常只是讓治療變得更難以進行，因為治療師有多重角色，或者說只有一種角色，就是維持在治療師的角色，只是無論治療師如何界定自己，個案會投射各種期待在治療師身上。

舞台上的孤獨會有多麼孤獨呢？

　　另外，可以這樣設定命題嗎？想像上，如何讓當事者表演自己，而且覺得被看見了，這是怎麼樣的過程？個案不是一直在表演自己嗎？何以需要再另設命題，如何讓他表演自己呢？因為自己要被看見，這是最重要的動力，也是他們覺得最有意義的地方。只是必須是他自覺的，是自己，或是要再給予某種意義，才會更有意義。一個人可以只是被看見了，就覺得是有意義了嗎？或者這麼說的人真的被看見後，只是會期待這樣嗎？

　　是否會有更多的創意在舞台上，過程都是他自己的展現，只是這個創意的發揮，不必然會讓他覺得是自己的展現？因此所謂創意的發揮自己，可能需要其它因子湊合在一起，才會使他覺得自己被看見了？也許是何以靠著昇華機制，有了好的創作者，但是臨床上也常見，透過昇華創造了不錯的創作，仍不覺得對自己是滿意的，那麼這是昇華嗎？這是臨床常見的現象，舞台上表演自己，這個象徵的說法，我覺得仍是值得細想的情節，舞台上的孤獨會有多麼孤獨？

　　既然以舞台來比喻，就有機會思索，表演不只是概念的傳達，也有美學的要素。涉及精神分析裡，美學的位置是什麼？畢竟作為一個人，不會只是概念的存在，也有超乎概念難以表達的人性經驗。美學是其中的一種，

這不是表面美不美的課題而已，而是活在這個世界上，覺得什麼是他值得活下去的緣由？以及活下去要採取什麼姿態，在台語的語境裡，有「事情是不是做得漂亮（水）」的說法。

策展空洞和空虛感，有這件事嗎？

第七種比喻：關於個案抱怨的空洞和空虛感，我再提出一個比喻。我運用策展人的概念，來推想分析治療的過程裡，是否有部分工作像是，策展人要策展系列展覽，要呈現和引介自己給別人，或要認識自己的空洞和空虛感，這是可能完成的事件嗎？這比喻有助於思考空洞和空虛感這件事嗎？

佈展的對象是眼前的個案，目的是要讓個案再看見時，能夠被自己所認識，一般來說可以說成，認識自己的過程。不過，所謂認識自己，在診療室的談話方式裡是怎麼回事呢？尤其是個案在空洞和空虛感時，會想要認識自己嗎？如何佈展空洞和空虛，讓這場重要的佈展呈現時，可以變成讓人思考的經驗？

這需要有另一個人的存在，或只能個案做自己的策展人，或者治療師的角色是值得以策展人的角色來對比，進而藉助這種對比，讓我們有機會了解何謂治療師？如果假設個案就是策展人，讓我們從現有的策展內容裡看

見他，只是如果那不是他滿意的策展，或者是問題重重
的自己，那麼如何讓策展人能夠以新的視野，新的手法，
佈展出自己，讓自己看見自己的多重樣貌？

這涉及了如何有新的詮釋自己的角度和方式，以及
如何呈現自己，而佈展的地方可能在某座古蹟，破敗的
工廠，街頭的某個角色，高級餐廳的角落，或是美術館
和博物館等地方，雖然對於精神分析取向的診療室來說，
一切都是在當時的說話裡呈現這些具體的景象。

精神分析更像是實務的詩ㄚ

個案進來診療室後，開始描述自己的故事時，他不
自覺地類似策展人要佈展自己，會有一些精心挑選過的
主題和概念，作為支撐整個展覽的基礎。

不過，就算事先想過，在診療室裡，個案也可能有
不自覺而流露出更值得思索的內容，讓看展者另有想像的
空間。雖然在診療室裡呈現出來時，觀眾只有他和治療
師，也就是個案來到診療室時是，讓個案和治療師透過
某些流程和說明，參觀他們內心空洞裡展現的創作品。

這些創作品來自個案在生活裡，累積下來的成品和
遺跡。雖然這些可能是傷痕和受苦，而個案會述說這些
歷史，以及他認為的前因後果，不只如此，還會有美學
創作和建構，一如在空洞裡題詩或作畫，一如在古代洞

穴裡的發現。在這個比喻下，我們如何想像治療師的位置和任務呢？不只是概念的知性表達，也有感性的美學的課題。

我們可以問的是，這是需要被納進精神分析取向裡來思索的嗎？英國精神分析作家亞當菲立普（Adam Philips）曾說過，對他來說，精神分析更像是實務的詩（practical poem）。我也有這種意思吧，這麼說，並不是精神分析沒有自己的框架和原則，只是變成文學式的對談，而是顛倒過來，在精神分析取向的框架裡，如何引進其它慎思過的經驗，作為診療室裡的養份？

這些養份是讓原本的花，開成它自己的樣子，不可能是給予養份，卻期待它們變成另一種名字的花果。不過坦白說，這些詩意的說法，仍不足以輕易的讓個案可以想像，自己是怎麼回事？因為仍有很多是難言之處，或是語言難以觸及的所在，因此仍需要更多的比喻，作為想像和了解的方式。如果人生有所謂「了解」這件事，或者有想要了解的心理需求時，這些比喻就成為需要的引言者或引路者了。

關於臨床常見的抱怨，或者說不出空洞或空虛感，我假設這是個案會來尋求心理治療的重要緣由，雖然他們常常不是以空虛和空洞作為主要訴求，而

是以生活和工作上的人際衝突和矛盾，作爲尋求分析治療的前提。因此分析治療的過程，往往就是陷在處理和解決各項衝突矛盾裡，卻總是一項接著另一項出現，捲在無止盡的衝突和矛盾裡，卻忽略了這些衝突矛盾，可能是另有發動者。我在本文暫時假設，這些背後的發動者，是早年創傷經驗所留下的空洞和空虛感，它們以這種方式存在，而且在未完全絕望的情況下仍是有發動者。

在這種假設下，試著以七個比喻來想像和貼近空洞和空虛感，我的理論基礎是佛洛伊德的重要資庫《哀悼與憂鬱》裡的描繪。我覺得他的說法只是起頭，回到臨床來說，仍有很多需要再進一步思考和想像，並嘗試建構空洞和空虛感的多元可能性。

我曾在《憂鬱幾顆洋蔥？》（蔡榮裕著，2017，無境文化）的劇本「憂鬱的空洞裡，誰在沈睡？」，嘗試引進日本小說家川端康成在《睡美人》裡的情節作爲想像的基礎。在本文再舉出七個比喻來貼近空洞和空虛感可能是什麼？只是嘗試的起步，七個比喻仍不足夠描繪那些感受，以及了解它是如何影響著人的生活品質和品味，尤其是品味也是重點。

路過小時候的故事
庄仔尾兩顆石頭
趴在圳旁聽水聲看風雲
比評誰的鄉愁最正港
一顆說
隔壁庄最有錢有勢的貴仔
曾經腳踩在我頭上
看山看水看陣頭
另一顆說
隔壁再隔壁庄最囂擺的雄仔
曾抱著他的七仔
坐在我的頭上
風過雲過水聲過

自己：
明燈來了，黑暗躲哪裡？
『以某變性者為例談治療師的經驗學習』

　　以變性者為例，來談談在我們的語文脈絡裡，當我們說：「期待一盞燈，有了亮光後，黑暗就不見了」，這是日常用語裡的經驗。但是精神分析或精神分析取向心理治療（分析治療）的經驗，也是這樣子嗎？這涉及到精神分析取向，如果以一盞燈的出現來比喻自身時，有哪些需要思索的地方？雖然不必然所有精神分析者會同意這個比喻。

　　例如，變性者想要改變自己的生殖器或性別，原因是由於基因因素，或是涉及出生後的心理學和社會文化因子的影響？我只能說目前的典範觀點是，希望相信這是生物學，尤其是基因，作為主要或是唯一的起源因子。這是不少人相信的緣由，雖然仍只是一個假設，畢竟目前的科學證據還無法有直接堅實簡單的因果證明，是何種基因或染色體的直接影響，不過這是目前的認知典範。就科學來說，典

範是會隨著證據而改變的。

　　不過，來精神分析和分析治療時，他們不是來尋求處理基因的問題，他們是要處理他們的心理課題，他們有了想要手術或想要改變性別的想法後，所帶來的心理衝突。這不必然涉及變性人的成因起源學的課題；那麼，精神分析取向的作法，會是一盞明燈嗎？

　　這盞燈的比喻會帶來什麼聯想和侷限呢？藉著這些討論來呈現資深治療師經驗的可能功用和侷限，尤其是如果分析治療師潛在或明白地，有著期待自己或分析治療本身是盞明燈時，更是值得思索。畢竟，這種期待並不是那麼少見，也是我試圖探索這個課題的基礎。

　　可以先從兩個角度來思索這個課題，一是，是否精神分析要自視為一盞明燈？二是，當個案在心理真實上，投射分析治療師有了光，就有光了，這不是分析治療師否認後，光就會消失了。

　　我也相信以下要討論的課題，在臨床不必然只是針對變性人，在其它個案群也有某些共同的元素。

案例片斷的說明

以下的案例片斷是以小小說的方式呈現，若要放進論文式的討論裡，我需要先說明一些想法，由自己的經驗和感受出發，再創造或發明某些互動和談話的細節，其實將會更接近我的感受裡，個案的真正現實。

這不只是為了避免個資的洩露，而是為了更貼近描繪我的感受裡的個案，也許有些人希望純粹從某特定個案的討論裡有所獲益，覺得那樣子才更接近科學式的討論。不過在本文裡，我的確是依據我的經驗，再來捕捉我覺得可以表達經驗的材料。這些經驗的來源是多樣的，來自自身的經驗，或者督導他人的經驗，再加上以這些經驗基礎閱讀其它文獻等，所加總累積起來的結果。

如果我說這種方法是試圖在累積「從經驗學習」，是什麼意思？它的方法和過程是什麼？尤其是這種經驗所指的，精神分析家比昂所指涉的潛意識層次的經驗時，我們需要哪些想像和思索來貼近這個命題？希望我這種書寫策略，能讓讀者保持距離，一起來思索這些想法。

案例片斷(取自本書『小小說』第三十章的部分內容)

你說，你覺得我是有經驗的治療師，這是你來找我的主要原因，但是你不知道何以需要有經驗的人？仔細

想想，你說，我又不是想要變性的人，怎麼可能會有你想像和期待的經驗呢？

也許你說的經驗，就是精神分析想要描繪的，那些並非照進光明，就會讓暗黑馬上光明的暗。你說到經驗，我是想到我喜歡的精神分析家比昂（Bion）的書《從經驗中學習》，的確，什麼是「經驗」，就是一個很大的課題。當你此刻這麼說時，卻讓我突然警覺起來，這種警覺也許是必要的，因為隨著分析治療工作經驗的累積，除非我是很自制且有強大的意志，讓我保持在，不是為了證實精神分析取向治療的有用，而是挑戰它，讓它更有機會擴展。

這不是誰給我的任務，是我自己這麼想著，也許以後這種想法和態度也是不需要的，那才是真正的讓自己自由⋯⋯。

我作為資深治療師的難題是，我是有實務經驗者，但對於你突然那麼說，卻完全猜不著你怎會那麼說？你是這麼觀察我的嗎？雖然我無法從你的說詞裡，確定這是你臨時的感覺，或者是長期以來都是這麼想的？對我而言，是種尷尬吧？你以如此警醒的方式，敲醒了我的侷限。

我不致於因為發現自己有侷限，就推展成我是完全無法幫上你的人。是否能幫得上你的忙，更是操之在你的心中，不是我硬要說什麼就會是那樣子。不過，這是

我對自己的提醒，不然我作爲相對資深且是愈來愈資深者，可能會流於自以爲是有經驗者，而忽略了你的困難。有時並不會因爲我有經驗，你的困難就會改變得比較快速。

雖然我是很有可能假設，自己有經驗了，我治療的個案也會走得更快更深，只因我是有豐富經驗的治療師。我甚至相信，這種自我期待，並不會消失，而會是一直干擾著我的某種期待。

意在言外或弦外之音

我無意要讀者以爲，這些資料足以代表這些個案群的景象。我只是相信，精神分析和分析治療需要透過個案描繪自己的故事，再加上我們的直接觀察和感受，但這一切都是要靠著個案的話語，構成了分析治療的材料，然後再透過我的描述，轉織成讀者所看見的治療過程。過程裡的每一層次都經過一些創造，不過就算使用說得出來的語言來描述時，也受限於語言同時具有表白和隱藏的雙重特性。

我就是在這些基礎上，論述深度心理學的幾個問題。只是這個重要的現象容易被忽略，尤其在診療室的實作過程裡，個案期待的改善常是指向他和周遭人物的關係時，再加上常會出現並干擾分析治療師的，想要治癒好

個案的欲望，這就會讓雙方在某些時候忽略了，在分析治療裡，語言描繪的內容並不全然等同於，外在世界發生的事情。

作為治療師，還需要更多的好奇心，「我想問：當未曾想過的事浮上意識，這可不可能只是旅程的開始？這真的是有希望的嗎？盧醫師確實比Green要來得樂觀。她相信這些人可以哀悼他們的失落，且最後會發現沒人會理他的事不是真的。盧醫師的二部曲思索讓我想到頓悟並不是我們希望在個案心智結構上看到的彈性與韌性。這問題又引出了我的下一個問題：治療在此間扮演了什麼角色？治療能如何影響一顆已經有著破洞了的心？我們難道不好奇那個案是如何在治療中走到頓悟的？在這之前有沒有什麼已被建構？頓悟之後治療是怎樣的？又或者，當頓悟發生時，某種程度的建構已經有了？」（林俐伶，我們在談孤兒嗎？回應盧志杉《以村上春樹小說1Q84，呼應治療『心靈空洞』個案的臨床經驗》，宣讀於國際精神分析學會2017『亞洲伊底帕斯』研討會，台北）

因此當我們說「從經驗中學習」時，所遭遇的問題就不再是單純的，只是意識覺得是經驗的材料而已，而是涉及意在言外或弦外之音的內容了。當精神分析和分析治療宣稱，想要以言語作為呈現潛意識裡，無法被直接接觸到的人性或心智狀態時，假設它們是it或id，只能

透過言外之意或弦外之音來展現自己。

語言賦予它們重要的位置，語言也是人類文明的重要現象和工具，雖然我們在日常語言裡，早就經驗過說話可以說清楚想法，但是說話也可能依對象，而有一些被不自覺地埋沒的地方。那個地方被叫做「弦外之音」或「意在言外」，但是這部分也被詩人當作是，語言的侷限所帶來的天機，讓詩和詩意有了想像的空間。

不是我，是詩人，發現了潛意識

我們需要可以思考的空間存在，因此「比昂認為嬰兒的發展方向取決於他『忍受挫折的能力』。第一，若忍受力足夠，挫折會變成思想並導向思考機制，讓挫折變得更能承受。第二，如果無法忍受挫折，有著強烈逃跑需求的嬰兒將會發動對他自己覺察能力的毀滅攻擊。第三，『如果挫折沒有嚴重到活化逃離機制，但又大到無法承受現實原則』，個體便『不去分辨真假，而只會自大地斷言事物在道德上的對錯』(Bion 1962a)。

比昂提醒我們，一個人若要發展思考能力並『從經驗中學習』，而不是依賴精神病式的逃避或『道德的自大斷言』，母親的『阿爾發功能』必須確保一件事：每個挫折都在嬰兒能夠承受以後才可出現(Bion 1962a, 1962b)。」（周仁宇，台灣的伊底帕斯：創造力與超我

之間的動力,宣讀於國際精神分析學會2017『亞洲伊底帕斯』研討會,台北)

佛洛伊德是這方面的行家,不然他就無法從夢也是被改造、被修飾的事實裡,還能夠找出想像的空間,就因為夢在被說出來的過程,有了不同層次的修飾,這些過程反而流露了人的心智運作的痕跡,讓夢的解析成為可以通往潛意識的大道。後來,他對症狀也抱持著類似看法,因此他在症狀和夢的相互比對裡,建構出精神分析。

這是人作為人,願意了解自己,了解還有很多不自覺卻深刻影響著人的領域。佛洛伊德的從經驗中學習,是以診療室的實作經驗,夢和症狀的相互比對的描述,再加上他引進其它學門的訊息,例如「伊底帕斯情結」,來張揚平時不被自覺的人性,或以我們的在地語言來說,是指被當作處於陰性、陰暗或黑暗裡的知識。

佛洛伊德曾說過,「不是我,是詩人,發現了潛意識。(Not I, but the poets discovered the unconscious)」這是引述自文學評論家Lionel Trilling的說法。這是佛洛伊德作為科學家,想要發展「科學心理學的計畫」(Freud, Project for a Scientific Psychology (1950 [1895]))的過程裡,仍大量引用了作家和藝術家的意見,來豐富他建構的精神分析。

佛洛伊德的作法,讓精神分析不只是診療室裡實作的工具,也是豐富的心智理論。佛洛伊德會這般形容詩

人，也許他是從詩人的語言裡，流露的對意在言外和弦外之音的掌握和了解。這些領域並非依著現實原則的理智推論就得以了解，而是需要貼近享樂原則的聯想，所衍生出來的想像，就後者來說，是潛意識的運作結果。

潛意識等同於黑暗的領域？

至於什麼是黑暗裡的知識？我們常用於象徵潛意識的世界，用黑暗來表達時，就涉及了「黑暗」這語詞，在我們的文化脈絡裡所呈現的多重可能性。本文談論「從經驗中學習」這概念，是以精神分析家比昂的說法，作為和精神分析連結的入口。因此如果要說，我們是從黑暗的知識經驗裡有所學習，是需要再思索一些相關的事項。畢竟，我們還得問：潛意識是不是等同於黑暗領域呢？

一般情況下是常聽到，治療師間隱隱有這個比喻：意識化被比喻成見光，也就是潛意識被比喻成是處於黑暗世界的材料。這個比喻有些簡略，不過仍有值得比對思索的地方，因為潛意識是什麼，仍需要以各種象徵來接近它。

接下來，我引述一則在台灣常被想像的詩意說法，這是西方心理學和心理治療開始在台灣流行之前，佛禪宗的說法。「佛法明燈」，以相當詩意的方式，來展現

心靈裡光明和黑暗的對峙，雖然對佛禪宗來說，最後仍得擺脫這種二分法，不執著於黑暗和光明的二分法，才得以到解脫的境界。但無法被忽略的是，就人性實情來說，都得從最基本的二分對峙場域出發。

「實智慧者，則是度老病死海堅牢船也，亦是無明黑闇大明燈也，一切病苦之良藥也，伐煩惱樹者之利斧也。」（佛遺教經講記，聖嚴法師著第一七章：智慧明燈）這是聖嚴法師的某些說法，「智慧不起煩惱，首先考慮的是煩惱，煩惱自己是最痛苦的事，這是自己整自己，應該用智慧來處理煩惱，智慧就像明燈；煩惱就像黑暗，明燈照到黑暗，黑暗就不見了。黑暗本來是不存在的，就像煩惱本來也是不存在的，只是因為沒有智慧而觀念上的錯亂想不通因此有衝突、矛盾、掙扎，當這樣的問題產生了便可以用佛法的智慧來化解煩惱的問題。」（取自「聖嚴法師」臉書2012.11.24）

根據我的觀察，就算不皈依佛教者，這些概念早就以不同淺白程度，滲透至大家的日常生活和想法裡了。可以輕易在我們的日常說話裡，發現這些說法深刻影響著我們。在西方心理治療被引進來前，台灣曾有十幾年的時間，在當時引領風向的「金石堂」暢銷書排行榜前十名，常有多本佛禪宗的書籍，可以想像這些說法對於大眾的影響，雖然也容易變成如同舌上蓮花般，某種口頭禪。

精神分析要以明燈來比喻自身嗎？

　　以前述引用的案例來說，如果過早地依著，以智慧來化解煩惱的說法，意味著個案想要手術拿掉生殖器是個煩惱，那麼解決煩惱後的結果是什麼呢？變得不需要手術，或者依然手術，但對於過程所引發的不安等煩惱，是以智慧來解決？不過，其中涉及的性別認同：要變成女人嗎？或依然覺得自己是男人，只是不想要有陽具？或不確定自己是男人或女人，這些課題需要解決嗎？只是一種煩惱嗎？

　　如果當作是煩惱，意味著性別認同的心理學課題，是不必要的嗎？或解決煩惱的意思，並非指性別認同是不必要的，而是必要的人生課題，只是以沒有煩惱的方式，來處理這些認同的課題？或那是屬於人生的「有」，而「有」是煩惱的來源，生而為男人或女人，對於佛教的修持者是有重要差別，反映在男者為僧，女者為尼，於僧團修行裡的差別？

　　我再回來明燈的比喻，精神分析要以明燈來比喻自身嗎？要以明燈的身份，如同佛法自喻是明燈，作為社會和人性的指引嗎？也許有精神分析者會主張，精神分析是要維持著中立，或如佛洛伊德所說的，如同鏡子般的境界，因此精神分析並不是要當社會和人性的明燈？

　　因為佛洛伊德說，精神分析師要節制想要痊癒個案

的欲望，既然要有所節制想要幫個案的忙，怎麼可能需要把精神分析當作是社會或人性的明燈呢？是否這樣子反而讓精神分析變得，像是要做人生的導師，違反了精神分析前輩們再三叮嚀的中立了？

換成溫尼科特的說法，是從母親的孤獨能力著手，「溫尼考特相信生命始於『錯覺』，然後逐漸接近現實(1945)。他特別注意『夠好的母親』如何提供孩子『逐步的幻滅』(1953)。他在晚年的一篇文章中，強調母親必須在嬰兒所理解的她與真正的她之間『來來去去』。因為她知道自己是誰，所以不需要對孩子辯解，可以等到孩子有能力接受母親的看法(1968)。換句話說，除非母親有孤獨的能力，否則孩子不可能找到自己。」（周仁宇，同上。）

我是接受這些說法的，但值得再細看精神分析取向至今所出現的樣貌，來探索前述的理想，是否如精神分析所堅持的，不是那盞會照亮且趕走黑暗的燈，而是引進光來詳細閱讀黑暗，才是精神分析的目的？如果心中有明燈的象徵時，也是不同的明燈，那麼談到精神分析的重要技術「詮釋」時，分析治療師該有多少程度的期待，個案可以因為我們的詮釋而改變？這種期待是什麼意思呢？

對於「詮釋」隱含著什麼期待嗎？

　　尤其是負面移情的詮釋。如果期待可以讓負面移情減少，因而降低對於分析治療結構的破壞；這個期待是不是會存在於治療師的欲望裡？如果不存在這種欲望，那麼何以需要堅持對負面移情的詮釋是重要的呢？何以是重要的呢？因為可以減少破壞力的效果？

　　我進一步說明，例如，在前述引用的案例裡，當個案談著，來找治療師是因為知道治療師有經驗，但是又說治療師不曾經過變性手術，怎麼可能了解他呢？也許這只是一個平凡的疑問：對於別人是否能了解他的問題，甚至覺得他的問題不可能被別人了解？

　　回到分析治療的脈絡裡，個案先說了他覺得治療師是有經驗者，這是他來找治療師的緣由，但又覺得治療師不曾經歷過變性手術，是不可能了解他的。這種說法呈現的可能是，個案來找治療師前就了解事實了，但何以這時候以這種矛盾的訊息方式，說著好像那是他的新發現呢？反映著個案以很根本的問題，如治療師不曾經歷變性手術來質疑治療師，我說這是很根本的質疑，是假設個案這句話雖然平淡，卻展現了很深沈根本的破壞力。

　　聽到個案這句話，治療師能做什麼回應呢？這端看治療師如何解讀：治療師覺得這句話的潛意識隱含對於治療師的不信任？甚至可能是流露著，比不信任還要更

嚴重的破壞力潛流？當治療師對於這種被當作是負向移情的情況進行詮釋時，治療師是否有什麼期待？能夠只是詮釋，但不管詮釋是否有效果？是否能夠讓個案停下來，而不往破壞的路上走去？

這種期待會存在嗎？如果有這種期待，意味著分析治療師執行這項技藝時，是有如明燈的概念在背景，要個案看清楚自己潛在的破壞力？我舉例指出這個技術的片斷，是要說明不論分析治療師是否認為，精神分析或分析治療是一盞明燈，在技術細節上，仍是難免有功能的期待。不過，這個說法並不是要分析治療師認為，精神分析取向就是一盞明燈。

佛教以智慧明燈比喻佛法，精神分析的後設心理學，是如同一套佛法般的法嗎？或者兩者是有所同，有所異？我不是主張精神分析要自視是明燈，我甚至覺得要保守地不這麼主張，但基於精神分析是以自由為過程，也以自由為目的，而佛教的「解脫」概念，在英文上是接近free的意涵，也有自由的意義。

這是我引用明燈來比較的緣由，兩者之間有一些共通想法，但在臨床技術和結構上是明顯不同，例如，簡化的說法如下，「堅持淨戒可以不墮三塗，修行禪定可以脫離五欲，而唯有啟發智慧才能出三界、實證解脫而入涅槃。所以戒定慧三無漏學的戒和定，是智慧的基礎以及引生智慧的善法，持戒修定的目的，就是為了開發

無漏的智慧。」（佛遺教經講記，聖嚴法師著第一七章：
智慧明燈）

既如此就順著因緣？

　　關於治療師如何擺脫自己的欲望和侷限，而能夠從
經驗裡學習，「覺知一切萬物無常且沒有自性之觀念的
養成，使分析師更能向各種可能開放；讓分析師得以了
悟診療室中只有兩個人一起努力發現意義和眞理，並接
受『不滿』以及不明瞭診療室發生了甚麼事的挫折是無
法避免的，而能容忍處在不知道當中的痛苦，且能安於
在伊底帕斯的三角情境中成爲一個觀察者。」（林玉華，
On Formation of A Third Position: Some Thoughts on
Buddhism and Psychoanalytic Attitude，宣讀於國際精神分
析學會 2017『亞洲伊底帕斯』研討會，台北）

　　引用前述案例變性人的情況來說，很明顯的不同立
場就出現了，對精神分析而言，不必然會相信以物理學
手段處理了身體的課題，如手術拿掉陽具，就一定能處
理掉與生俱來的、他不想要的陽具對他心理和生活所帶
來的長久影響。對於佛法來說，就我的了解是，沒有直
接觸及這個現象，如果有涉及，是間接地以心爲主要修
行場域，而身體只是一個臭皮囊的概念。

　　也許佛教法師不會像我說的如此粗糙簡化，會加進

其它人性化的觀點，不過如果依佛法是明燈的說法，意味著佛法是這位變性人的明燈，這是指什麼？要他看清楚什麼呢？既是臭皮囊，自然不需要過度專注在是否變性的課題？但是這盞明燈能夠說服這位想手術的人嗎？

乍看起來是困難的，要他接受就是這樣，這是因緣，既如此就順著因緣，我這些引用佛教的說法，並不必然精準如其他佛教徒的說法，我只是順著一般常聽到的說法，因此這些論述可能對佛教法師不夠公平，不過我想要表達和談論的，就是這些一般的說法和精神分析的比對，因為這些一般性的說法，據我的觀察是更影響著一般人。

光明來了，黑暗並沒有消失，只是散居各地

從分析治療的實作經驗來說，我的論點是假設，個案在過程裡知道了某種對於自身經驗的說法。光明來了，黑暗並沒有消失，只是散居各地，以更難被光趕走的型式存在某處。

也許觀察黑暗的樣貌仍是精神分析的價值，「根據Green提出的死亡母親理論，這個心靈空洞的形成，並非因為母親客體真正的死亡，而是因為這原本關愛嬰兒的母親由於憂傷而減少了對嬰兒的注意力，嬰兒遭逢這巨大的轉變，努力嘗試喚回母親的注意力卻失敗了，這使

得嬰兒內心最後，一方面撤回了對母親的愛的投注，也就是她在嬰兒的心理意涵中已經死亡（身體存在但心卻不在），另一方面嬰兒卻又在潛意識當中去認同這個住心裡意涵中已經死亡的母親，因為這樣他至少還擁有母親。這關係就像這位憂傷的母親，她無法去愛，但她會持續去照顧這個嬰兒，就像她還愛他一樣，但她的心卻不在了。因此，事實上嬰兒無法修復這個失落，他只是去模仿，把自己變得像那個死掉的母親一樣。」（盧志彬，以村上春樹小說1Q84，呼應治療『心靈空洞』個案的臨床經驗，宣讀於國際精神分析學會 2017 『亞洲伊底帕斯』研討會，台北）

佛洛伊德在建構精神分析後設心理學時，運用二分法，例如，原始人與文明人、生與死、愛與恨、好與壞、性與攻擊等相互比對，而產生精神分析的知識。雖然伊底帕斯情結是三個人的概念，但是直到晚年，他才在論文《在防衛過程裡自我的分裂機制》（Freud, Splitting of the Ego in the Process of Defense,1938）裡正式描述，他在建構知識以及確認人性上，二分法是多麼原始，且常被使用的心理機制。

這是光明和黑暗二分法存在的心理基礎，依照實作經驗，這些原始的二分法所帶來的現象，表面上是互斥的，無法共容的，偏偏在潛意識裡，卻是始終共存的，不必然是相互矛盾，會有矛盾的產生是外在現實裡相互

遭遇所造成。

就意識層次來說，一般的看法是光明和黑暗難以共存，當光明來了黑暗就不見了，就退場了，還有更多類似的說法大意是，黑暗被當作是負面的欲望和想法，而對峙黑暗的方式就是引進明燈。這也是先前引述聖嚴法師的觀點之一，我相信這只是一種簡化說法，不然佛禪宗不會有如此眾多經典，在談論這些看似簡明的論點。

就臨床事實來說，明燈出現後，是趕走了黑暗，但並非黑暗就不見了，黑暗變成散居各地。如我在〈創傷的心碎模式：日常用語的精神分析思索〉（《精神分析能動創傷幾根寒毛？》，頁227-241，無境文化）裡，對於早年創傷個案的描述，心理如同破碎的瓷娃娃。對於明燈和黑暗的對峙，我是有不同想法。如果分析治療師主張語言和詮釋，是拿著一盞燈走進暗室，然後暗就不見了，這是實際的現象嗎？或者只是一種錯覺的想像？

我覺得兩者性質都存在，除非分析治療師宣稱，他可以百分百做到佛洛伊德所形容的，精神分析師的鏡子論。但是這常常不是臨床的實情，實情是有現實的侷限，不易實質做到如同鏡子般的境界，但是精神分析除了是在個案的現實侷限上出發，也同時是在精神分析師或分析治療師的現實侷限裡出發。如果從一般帶著錯覺來談論一些現象，是傾向於想像光明和暗影是勢不兩立，雖然暗影是需要有光明才會存在，不過我將一般常想像的，

光明和黑暗對立，而我是將黑暗加影子的意象，成為暗影並衍生和光明的對比。簡化的說法是，光明來了，暗黑不曾消失，只是以不同的樣貌存在，或者變得更難被看見。

祛除陰霾暗黑後，光明就來臨？

祛除陰霾暗黑後，光明就來臨了嗎？或看來是光明的現象，其實是認同了黑暗，而增加了複雜性？例如，如果個案對於強加於他身上的陽具，想要割除它，並將手術當作是祛除多年陰霾暗黑日子的方式；他假設手術後，光明的日子就會來臨。不過長年以來，它畢竟是身體愉快的來源之一，但同時，他對於這種愉快也充滿罪惡感。另外，雖然他是想要割除陽具，但複雜的心情裡，是否也隱含著伊底帕斯的影子呢？

「對於小小男孩，伊狄帕斯情結的毀滅(der Untergang)有個收穫，就是可以留住他的陰莖——或許還留不住，造成佛洛伊德寫道，正是閹割情結『阻礙並且限制了男性特質，激勵了女性特質』(1925j, 256)。無論何者，陰莖都是問題：只要它留得住，任何代價都付得出，包括（但不限於）扮演女人，一如扮裝女王的活動。更有甚者，這些陰莖擁有人去學著小女孩，扮演閹割的受害者，彷彿前伊狄帕斯的生活方式從此可在他們

心中永久持續。然而由於他們身份是男性，他們的超我不會成為女孩的超我，反而是嚴厲一如往昔。」（林建國，伊狄帕斯來到台灣，宣讀於國際精神分析學會2017『亞洲伊底帕斯』研討會，台北）

以前述的變性人為例，他一心一意將自己困局的解決，放在手術，只想拿掉他覺得是多餘的陽具。陽具原本在日常用語裡，有陽的一面——雖然也有「陰莖」的說法。在我們的語言裡，以陽具和陰莖，來描述同一個生殖器。在人的身體器官裡，依我的了解是，唯有男性的生殖器，具有這種特殊的用法，陰和陽同在。

一般常以光明和陽並列，而陰和暗並列使用。以這個陰陽同在的命根子的意象，來想像這位變性人想祛除命根子，覺得它是見不得人的（陰和暗），但是多年來自己的愉悅快感（陽和光明），卻是和他的命根子緊密相連在一起。也就是，對他來說也是陰陽並列。雖然我們早就聽過，每件事都有它的兩面，這是常識般的說法，但是愈常識化的說話，並不必然就容易被真正地接受。

隔著替身，窺探背後的暗影

進一步談論前，我引用村上春樹在領取2016安徒生文學獎時，談及安徒生的《影子》童話，這是他的解讀，版本大略如下：

「一個年輕學者離開歐洲北方的家鄉，前往南方太陽炎熱的國度。在南方國度，發生了意想不到的事情，他在一夕之間弄丟了自己的影子，他感到相當苦惱和不解，不過幾天之後，從他腳底又長出新的影子，他終於安全回到家鄉。

幾年後，當初失去的影子跑回來找他，搖身一變，成為道貌岸然的紳士。原來，過去這段時間，影子四處闖蕩，獲得智慧和權力，因此愈來愈獨立，錢財和社會地位勝過了原來的主人。

後來，影子和他互相交換身分，也就是，影子變成主人，原來的主人變成影子。他們一起去旅行，後來到了一處溫泉區，變成人形的影子愛上了一位美麗的外國公主，最後甚至當上這個國家的國王。但是曉得影子真實身分的只有他，他因為拒絕隱藏祕密，最後卻遭到無情的殺害。」

村上春樹在該篇致詞裡，對於暗影的其它解讀，仍是有些勵志和勸世的意味。雖然村上常說分析可能會破壞感動，我不全然排斥他的說法，只是值得再進一步分析，而不是只停留在勸世的層面。對於安徒生的影子童話，他的言外之意是，間接隱喻當代歐洲對於移民的排斥，是無法正視人的影子。既然也有言外之意，我就從言外之意的角度延伸一些想法。

從生的本能和攻擊本能來談。生的本能或性本能，

是一種黑暗或光明？死亡是常常被當作陰暗，如果它們都在暗處，精神分析是一盞燈，能夠照到暗處嗎？它們在潛意識裡以被描述的方式存在著、或以替身（或可稱為假象或形象）的方式存在著、或在各種行動及記憶中間以弦外之音的方式存在著，精神分析的光能夠照得到嗎？或只能照到它們的替身？畢竟，性和死亡本能的本尊是無法觸及的。

或者說，它們是另一種記憶模式。故事和症狀都是具體的存在，精神分析的光照到這些具體替身時，會因此出現本尊的暗影。當沒有替身時，我們什麼都看不見，也看不到影子。由於我們時時和那些替身纏鬥，我們不時地想要偷窺替身背後的暗影，這是必然的存在，不論分析治療師是否把自己當作啟蒙的光，只要個案心裡認為分析治療師能幫助他們、看見自己問題的投射時，在這種關係裡，自然就已經讓治療師有了光。

也就是，在心理真實上，個案投射光給我們，我們就有了光。這不是我們以為自己不這麼想，被投射的光就會消失，因為這是個案給的光。但是這道光永遠只能照到個案和他們的症狀，而暗影在背後，我們是無法觸及的，就算我們被當作是光了，也無法照亮那些暗影。但我們既然宣稱是精神分析取向的治療師，好像就有義務或權利說，不論如何，我們就是要持續不斷地隔著替身，窺探背後的暗影，並且猜測和描繪暗影是什麼？

討論這些可能性要做什麼？這涉及我們宣稱在做分析治療時，我們的焦點在什麼地方？是要趕走黑暗嗎？或者只能處理替身，但經由我們的工作和思想模式，我們知道自身的侷限。和其它治療取向有所不同的是，我們反而透過處理替身時，見證性和死亡本能的本尊的存在，這種見證能讓治療師在猜測潛意識的動機時，稍為有親身的經驗來作為基礎。

在做到之前，我們做的是什麼呢？

回到前述引用的案例。那位想要變性者，當他一心一意要手術割除命根子，卻同時拋出自己是男人或女人的疑惑，這種困惑是分析治療師需要處理的嗎？如果說不是，個案卻是帶著這個期待來到診療室；如果是分析治療師可以處理的課題，那麼這涉及作為分析治療師，對於自己的技術方向的期待；涉及了一個技術理論的模式。對於個案的矛盾，有了詮釋、有了語言，是否如同一盞燈進到黑暗裡，然後暗就不見了？或者暗只是被趕走，繼續以變形的樣貌存在？

一般都說，光來了，暗就不見了。但對這位個案來說，分析治療師該如何處理個案的這種矛盾呢？是男或女，和光或暗有什麼關係嗎？何者是光明？何者是黑暗或暗影呢？或者是否就能映照出，個案是想要成為男人

或女人的光明答案嗎？或這個答案依然只能如暗影般，以不斷的疑惑回來吞沒個案，讓個案被埋沒在困惑裡？

這也涉及精神分析是否可以不管善惡美德，只因為重點在於個案的自由？而分析治療會有治療期待，我們希望有光出現，如果分析治療師果真要不抱這種期待，這是需要很高的「境界」，不是那麼容易做到。那麼在做到之前，我們做的是什麼呢？其實這才是精神分析技藝的重要場域，不過由於這個場域，相對於詮釋的技術，並非精神分析論述的最主要核心，而被冠以「分析的態度」，或是建構一個過渡地帶等。

由於論述的核心焦點是以詮釋為主，尤其是以移情的詮釋為主要技術時，其它的鋪陳只是用來達成可以執行核心技術的過程，相對地就不是被聚焦的場域。值得持續觀察這種現象的是，分析治療師對於是否能夠幫上個案的忙，如果有約略的事先評估，或依憑直覺選擇時，資深者若覺得自己愈來愈有自由，在眾多等待個案的名單裡順意挑選出個案，此時，這種「自由」代表什麼意思？

這種自由，對於經驗的描繪會帶來什麼影響呢？是往更深細的分裂機制的樣貌，或是更潛抑機制裡的矛盾？如果不自覺，治療師可能以為自己更有經驗了，個案的改變會相對比較容易些？但是這經驗的基礎是什麼呢？個案如果運用更多的分裂機制時，在臨床上，是顯得更

混亂，治療師更難覺得能夠在短時間內，讓期待的詮釋技藝能夠運用得上且發揮功效。

覺得愈來愈有經驗，這是什麼意思呢？

「經驗」是指什麼？當我們覺得愈來愈有經驗，是什麼意思呢？從經驗裡學習是指，愈有經驗就愈能從經驗中學習嗎？如果經驗是來自於臨床實作，那跟治療師以前的經驗有什麼關係？愈有以前的經驗，愈能了解現在眼前的事嗎？如果這樣，何以比昂會說：「要沒有記憶」，偏偏我們不可能沒記憶，那麼，我們從眼前的個案經驗裡學習，記憶會帶來什麼效應？會讓我們反而看不清眼前的事？或者更精準有效呢？

不要忘記，分析治療的理想常是資深治療師建構出來的，如果忘了的話，分析治療也是會垮下來。我們需要精神分析建構出來的理想，但那些理想是境界，如果境界像是一盞燈，燈光不是要趕走黑暗，不然黑暗也許只是破碎化、游擊隊化，散居各地而更難被窺探。光只是讓我們看見能被看見的，仍有不可見的暗存在著，就如光譜上叫做紅外線或紫外線的區域。

從另一角度來說，比喻精神分析或分析治療的策略是，提供一盞燈，有了光明，黑暗就不見了，或有了光時，暗黑仍是存在的，尤其是被個案不自覺地投射時；

雖是一盞明燈的比喻，卻同時投射著死亡破壞的況味。這些描繪和佛洛伊德提示的，精神分析師的節制之間，有什麼關係呢？

至於精神分析，是否需要移除移情，尤其是負面移情？克萊因對於負面移情進行詮釋時，期待和不期待的是什麼？何以要個案說話和治療師詮釋呢？目的是什麼，是要知道什麼知識，或者之後的自由？如果以暗黑來比喻，潛意識裡的某些內容暗黑，是以阻抗、移情以及行動化方式展現出來。要移除這些外顯的表象是有可能的，但我們的語言能夠直接觸及潛意識的暗黑嗎？

治療師的詮釋是作為，只有自己看得見的明燈，照亮的是治療師眼前的小路，但對個案來說，是否反而是礙眼閃光，讓他們看不見任何東西呢？或者更像是，有了明燈後，暗影被看見時，更讓個案覺得難以忍受？因此比喻上是，光來了，馬上閉起眼睛，讓光明被驅逐出去了？

說話時，除了語言意義裡的光，也有言外之意的暗

如果以生態的角度，來談人心或心智狀態，其中有黑森林、有深海、有沙漠，它們就是存在，它們以暗黑或過度光亮的方式，呈現出生物的某些特殊族群。如果個案長期處於黑森林裡，會覺得看不見未來，或者說，

光明對這些人而言，不只是一般的光明，而是沙漠裡刺眼的陽光。因此這種光明會刺傷人，這是接近臨床事實（clinical facts）的描繪，而不是一般想像的，既然不想待在黑森林，想要看見光，那麼走出來看見的光，就是讓他看清楚自己的光！那反而可能是會曬傷自己的陽光，儘管原先以為只是一盞小燈。

語言如燈嗎？說話時，除了語言意義裡的光，也有言外之意的暗。精神分析的目標是讓生態全然改變，讓黑森林、沙漠或深海消失不見嗎？生態的多樣性是存在的，甚至是必要的多元；雖然實際的目標，原本可能過於著重其中的某一種。

回到這位想要變性者來說，他從以前至今，生活在想要手術的暗影裡，但是對他卻像是光明的指引。他投注所有心力，就只要完成這件事，讓他的生活在灌溉滿滿的黑森林裡，有欲望要做什麼，而且目標明確。但是一路上卻是暗淡、不快樂的，因為最想要的快樂，還沒有真正發生，就算玩弄命根子得到愉快，總無法戰勝以光明為目標的期待；一路走來，都是在黑森林裡。

如果人的生活需要具有多樣性，如同複雜的生態，但他是處在黑森林裡，卻有著對光明的期待，變成水源不斷地灌溉著茂密的黑森林，結果變成處在更暗黑裡，因為他的生活視野，不是以砍掉森林樹木，作為自己的資源。他想砍掉的是，自己內褲裡，處於暗黑的命根子。

他在人際和工作穩定度上，長期處於如同沙漠的狀態，那是他不會使用能量去灌溉的場域。

回頭再想，如果我作為資深治療師，以所謂核心作為技藝的範疇，是否會走成像這位想變性者，以光明的未來作為期待，卻是始終處在某處茂盛的黑森林裡，而其它地方卻如沙漠？我大膽地聯想，大部分的後設心理學的論述，是否都難免如此傾向建構出文字的黑森林，作為我們宣稱的經驗的描繪？

這涉及治療師的個人興趣以及時間的限制，因此我的想法只是表示，除了森林的建構和培養，其它地方也有灌溉成為綠洲的可能，不要讓生活和視野只有黑森林和沙漠兩種區塊，畢竟，沙漠的光明，是過於炙熱的！這也是常見於一般個案，對於治療師提供的光明答案，不見得買單的緣由。

當年的光明，注定了眼前的困局和暗影？

不過，以這變性者來說，以光明和暗影，或黑森林和沙漠的意象，來想像個案的內心世界時，在診療室的實作裡所遭遇的分析治療的技術層面，比前述還有更深一層的複雜和困局。當他從小看著天空的雲，覺得自己一定要以割除多餘的命根子，作為人生的目標時，意味著在他童年時，他想要手術割除命根子，是引領他走向

光明的想法和努力的目標。但目前看來，卻是讓他不安，甚至讓他的生活變得很狹隘，而當年卻是他認定的光明未來的解決之道。

隨著時間的演變，當年被當作是解決問題的唯一光明道路，走得愈久，卻愈像是在黑暗森林裡的小徑，不再是當年預期的光明大道！也許是這種現實景象讓他出現了莫名的不安。

或者這種不安裡，蘊含了對於早年困局的理想化，畢竟，不論多麼辛苦還是走過來了，並且認同了這些受苦經驗及受苦來源的想像，讓這種不安裡有著如同「佛洛伊德，一個猶太人在反猶太又充滿性壓抑的社會氛圍下長大，他自然會對伊底帕斯王的故事特別有感。當林教授較悲觀地提出民主總在某個層面上和悲劇牽連在一起，我會猜弗洛伊德講的『否定』的概念是否有出現在他的腦海？『民主』這個詞，我們現在已經用到親子以及一般教育書籍中，它意指把權力交給人民，道理上來講應當是和專制很不一樣的，但是，林教授告訴我們，他看見那個歷史上的專制元素（傷痕？）：『享受你民主自由的權力吧！就如同我當年享受著我身為你的強權者的權力一般。』類似強度的權力只是極端地換了人。在臨床上我們有名其為『向施暴者認同』（以防衛自身的弱小無力感）。」（林俐伶，我們在談孤兒嗎？回應林建國《伊狄帕斯來到台灣》，宣讀於國際精神分析學

會2017『亞洲伊底帕斯』研討會，台北）

　　首先治療師面對的難題是，個案可能不覺得自己是走在小徑上，卻是有愈走愈暗淡的感覺。個案想要手術的動機仍存在，但是對於手術後的想像，卻不再如以前那般鮮活，雖然還留著期待小燈般的明亮，但已不再是大好光明的感受。如果治療師覺得需要讓個案了解，他當年所設定的目標，雖是以光明出發，但隨著外在現實的改變，那條光明大道，由於他的能量灌注範圍的影子，讓大道愈來愈被覆蓋在暗影裡了；在這種情況下，個案是否會接受他當年看著天空時的想像，其實是在替自己埋下眼前的困局，讓自己生活在黑森林裡，若想要走出來，周遭都是沙漠，少有綠洲，他只好又退回黑森林，繼續發動所有能量，來維持當年的願望？

　　分析治療師其實很困難讓個案回到當年那般，再說著他的發願和光明的解決方案——這注定了眼前的困局和暗影。

　　本文的見解，也許作為成人的意識，可以稍微了解。如果以當年的心情來說，是相當困難被理解的經驗；何況有誰敢說，當年的光明期待，在未來就一定會是暗影呢？這是我們事後來看的結局。這種結局是否能夠讓個案慢慢了解，對他來說，當年

用力的發願，就算說給天上的雲聽，也是要它們來
當未來的見證。當年的心情和想像，我相信要改變
仍是很困難的。

　　只要有一絲絲難以轉變，在眼前就會成為精神
分析說的阻抗，因此問題常常不在於，他做了什麼，
而是作為分析治療師的我們，如何對一絲絲的生命
經驗有所了解和體會？這是分析治療師在看待阻抗
時很重要的基礎。

　　當分析治療師隨著經驗的累積，有了更大的信
心，因而想要表達自己理念和技術，意味著把自身
的經驗當作是一盞明燈，就算是分析治療師可以不
這樣期待，卻常是個案投射給治療師的角色。由前
述案例經驗的思索，是否目前光明的理念和技術，
在未來可能是暗影的一部分？這麼想，好像很悲觀
或奇怪，但是誰知道呢？

　　何況這種想法並不必然就是悲觀，而是另一種
相信或信念，讓我們對於眼前經驗的描繪，有眼前
的信心，但這只是眼前的信心。

我，離自己有多遠呢？

『精神分析想像變性者的心酸事』

作　者　｜　蔡榮裕
執 行 編 輯　｜　游雅玲
校　稿　｜　葉翠香

封 面 設 計　｜　楊啓巽
版 面 設 計　｜　荷米斯廣告設計有限公司
印　刷　｜　侑旅印刷事業股份有限公司

————————— 精神分析系列 —————————
【在場】精神分析叢書　　策劃｜楊明敏
【思想起】潛意識叢書　　策劃｜蔡榮裕
【生活】應用精神分析叢書　策劃｜李俊毅

出　版｜　Utopie 無境文化事業股份有限公司
地　址｜　802高雄市苓雅區中正一路120號7樓之1
電　話｜　07-3987336
E-mail｜　edition.utopie@gmail.com

初　版｜　2018年9月
I S B N｜　978-986-96017-2-6
定　價｜　420元

國家圖書館出版品預行編目（CIP）資料

我，離自己有多遠呢？：精神分析想像變性者的心酸事 / 蔡榮裕作.
 -- 初版. -- 高雄市：無境文化，2018.09 面 ；公分. -- ((思想起)潛意識叢書；6)
 ISBN 978-986-96017-2-6 (平裝) 1.精神分析 2.心理治療 3.變性　175.7　107012817